Inhalt PiA 3/2009
Der alternde Körper und wir

I0130149

Psychotherapie im Alter

Forum für
Psychotherapie,
Psychiatrie,
Psychosomatik
und Beratung

Herausgegeben von
Peter Bäurle, Münsterlingen; Johannes Kipp, Kassel; Meinolf Peters,
Marburg/ Bad Hersfeld; Astrid Riehl-Emde, Heidelberg; Angelika
Trilling, Kassel; Henning Wormstall, Schaffhausen/Tübingen

Beirat

Psychosozial-Verlag

P⊞V

Impressum

Psychotherapie im Alter
Forum für Psychotherapie, Psychiatrie,
Psychosomatik und Beratung

ISSN 1613–2637
6. Jahrgang, Nr. 23, 2009, Heft 3

ViSdP: Die Herausgeber; bei namentlich
gekennzeichneten Beiträgen die Autoren. Namentlich gekennzeichnete Beiträge
stellen nicht in jedem Fall eine Meinungs-
äußerung der Herausgeber, der Redaktion
oder des Verlages dar.

Erscheinen: Vierteljährlich

Herausgeber: Dr. Peter Bäurle, Dr. Johan-
nes Kipp, Dr. Meinolf Peters, Prof. Dr.
Astrid Riehl-Emde, Dipl.-Päd. Angelika
Trilling, Prof. Dr. Henning Wormstall
Mitbegründer und Mitherausgeber 2004–
2008: Prof. Dr. Hartmut Radebold

Die Herausgeber freuen sich auf die Ein-
sendung Ihrer Fachbeiträge! Bitte wenden
Sie sich an die Schriftleitung:
Dr. Johannes Kipp, Klinik für Psycho-
somatische Medizin und Psychotherapie
Klinikum Kassel
Mönchebergstraße 41–43, 34125 Kassel
Tel.: 0561/9803825 · Fax: 0561/9806844
E-Mail: j.kipp@psychotherapie-im-alter.de
www.psychotherapie-im-alter.de

Redaktionelle Mitarbeit: Klaus Rudolf
Schell (Schwerte)

Übersetzungen: Keri Shewring

Satz: Hanspeter Ludwig, Gießen

Anfragen zu Anzeigen bitte an den Ver-
lag:
E-Mail: anzeigen@psychosozial-verlag.de
Abonnentenbetreuung
Psychosozial-Verlag
E-Mail: bestellung@psychosozial-verlag.de
www.psychosozial-verlag.de

Bezug
Jahresabo 49,90 Euro · 85,50 SFr
(zzgl. Versand)
Einzelheft 14,90 Euro · 26,80 SFr
(zzgl. Versand)
Studierende erhalten gegen Nachweis
25% Rabatt.
Das Abonnement verlängert sich um jeweils ein Jahr, sofern nicht eine Abbe-
stellung bis zum 15. November erfolgt.

Copyright
© 2009 Psychosozial-Verlag. Nachdruck
– auch auszugsweise – mit Quellenangabe
nur nach Rücksprache mit den Herausge-
bern und dem Verlag. Alle Rechte, auch
die der Übersetzung, vorbehalten.

Die Herausgabe der Zeitschrift wurde
von 2004–2008 von der **Robert-Bosch-
Stiftung** gefördert.
Die Herausgeber danken auch für die
Unterstützung durch die Arbeitsgruppe
Psychoanalyse und Altern, Kassel.

Editorial

Der alternde Körper und wir

Da macht ein Hauch mich von Verfall erzittern.
Die Amsel klagt in den entlaubten Zweigen.
Es schwankt der rote Wein an rostigen Gittern.

Indes wie blasser Kinder Todesreigen,
Um dunkle Brunnenränder, die verwittern,
Im Wind sich fröstelnd blaue Astern neigen.
Georg Trakl: »Der Verfall« 1913 (3. und 4. Strophe)

Der alternde Körper und wir – der alternde Körper als Abstraktum oder als Gegenstand unserer wissenschaftlichen Betrachtung und als Gegenstand unserer therapeutischen Bemühungen? Der alternde Körper losgelöst von der alternden Psyche? Wir wissen gut Bescheid über den Körper als Organisator der Entwicklung im Alter (Heuft 1994), mit dem sich Ältere mehr beschäftigen als mit dem Tod. Vielleicht wird durch die Beschäftigung mit den eintretenden körperlichen Veränderungen auch die Ohnmacht und die Angst vor dem Tode abgewehrt. Eine bekannte Bemerkung Freuds ist, dass im Grunde niemand an seinen eigenen Tod glaube (Freud 1915c, 149). Ist es mit den körperlichen Veränderungen, solange sie nicht unübersehbar in unser Leben einbrechen, ähnlich? Solange man sich gesund fühlt und jung genug ist, ist es leicht, klug und tiefgründig über die typischen, mit zunehmendem Alter häufiger auftretenden Krankheiten zu reflektieren: Herzinfarkt, Schlaganfall, Schmerzen, Arthrose, Osteoporose, Rheuma und Tumorerkrankungen sowie Krankheiten aus dem urologischen und gynäkologischen Fachgebiet wie Impotenz und Inkontinenz.

Wenn jedoch der Herbst des Lebens allmählich eintritt, ist es meist vorbei mit dem objektivierenden Abstand der Professionalität. Diese Entwicklung, das ist eine Binsenweisheit, geschieht meist unmerklich als schleichender Prozess. Oft sind es nur Berufssportler, denen die eigenen Leistungseinschränkungen frühzeitig auffallen – sie können, je nach Sportart, bekanntlich schon ab dreißig nicht mehr mithalten. Schicke Brillen, unauffällige Hörgeräte, Zahnimplantate, Prothesen und die Hilfen der plastischen Chirurgie helfen lange, die Illusion andauernder Jugend aufrecht zu erhalten. Sinnvoll ist aber sicher, durch gezielte Ernährung und Sport Alterungsprozesse aufzuhalten und Entstellungen beseitigen zu lassen.

Das populäre Bild vom aktiven Alten bezieht sich auf die jungen Alten, die sich im Dritten Lebensalter befinden und die bei körperlicher Gesundheit aktiv an Bildungsangeboten, ehrenamtlichen Tätigkeiten und Reisen teilnehmen. Meist handelt es sich dabei um Angehörige der oberen Mittelschicht, die halbwegs gesundheitsbewusst gelebt haben. Sie sind aber nicht repräsentativ für den körperlichen Zustand älterer Menschen: Jeder Hausarzt kennt auch Patienten, die schon ab Mitte vierzig gravierende körperliche Defizite haben. Vielleicht sind sie extrem selbstschädigend mit dem eigenen Körper umgegangen, vielleicht sind sie auch Schichtarbeiter oder sonst beruflich starken körperlichen Beanspruchungen ausgesetzt gewesen.

An der Schwelle zum sogenannten Vierten Lebensalter beginnt jene Phase, in der sich körperliche Veränderungen und Defizite nicht mehr kompensieren lassen. In dieser Phase werden die Betroffenen zunehmend abhängig von Betreuung und Pflege. Dies kann zur Reaktivierung von ungelösten Konflikten aus der Kindheit und Jugend führen. Persönlichkeitsstörungen können sich beim Eintreten einer körperlichen Behinderung zuspitzen. Der Unwille alter Menschen, notwendige Hilfsmittel einzusetzen, hat manchmal auch mit einer narzisstischen Haltung zu tun: Lieber einen Sturz in Kauf nehmen, als Gehhilfen zu benutzen, lieber Vereinsamen als Hörgeräte einzusetzen.

Nicht selten hat der alternde Körper eine Funktion als Übergangsobjekt wie bei jungen Borderline-Patienten (Hirsch 1989). Der eigene Körper steht hierbei einerseits für ein begleitendes Mutterobjekt, dessen Präsenz lebensnotwendig ist, andererseits aber auch für eine verfolgendes und feindliches Mutterobjekt, das es zu beherrschen gilt. Mit dieser ambivalenten Einstellung erklären einige Autoren das Phänomen der körperlichen Selbstbeschädigung (Pao 1969, Simpson 1977, Sachse 1987).

Bei alten Menschen wirkt in der Form, wie sie oft schon mit eigenen leichten Gebrechen umgehen, außerdem eine vom Nationalsozialismus geprägte Perfektions- und Disziplinierungstradition nach: Die klassisch humanistische Tradition, dass in einem gesunden Körper ein gesunder Geist wohne (mens sana in corpore sano) wird im destruktiven Sinne uminterpretiert: Der geschädigte Körper habe keine Daseinsberechtigung mehr, man müsse dem Leben ein Ende setzen, um nicht der Allgemeinheit zur Last zu fallen. Diese Nachwehen einer schrecklichen Tradition werden in oberflächlichen Euthanasiedebatten oft übersehen.

Selbstschädigendes Verhalten im Alter bei passivem Einfordern von Versorgung und Pflege kann aber auch frühe Versorgungsdefizite widerspiegeln. Sie zeigen sich vor allem bei alten Menschen, die im Krieg und in der Nachkriegszeit kumulative Traumatisierungen, Flucht und Vertreibung miterlebt haben und früh mit Gewalt und Tod konfrontiert wurden. So sagte mir ein schwerkranker Diabetiker, der im Krieg seine Mutter bei einem Bombenangriff verloren hatte, als ich ihn auf seinen Alkoholmissbrauch ansprach, mit einer autodestruktiven Verbitterung: »Gesehen habe ich genug, aber nicht gesoffen!« Alptraumhaft können auch, wenn die körperliche Hinfälligkeit im Alter stärker wird, Erinnerungen an traumatische Erlebnisse aus der Kriegs- und Nachkriegszeit aktiviert werden.

Schließlich, um auf das »und wir« im Titel zurückzukommen, stellt der alternde Körper ein Memento mori für die Angehörigen therapeutischer Berufe dar. Von diesen ist bekannt, dass viele von ihnen die Rolle des mächtigen Helfers einnehmen, um eigene Ohnmachtsgefühle abzuwehren (Eckstedt 1999). Körperlich Gebrechliche halten uns einen Spiegel vor, wie wir selbst werden können. Vor den damit verbundenen Ängsten schützen kein Arztkittel und keine analytische Abstinenzhaltung. Die unmittelbare Konfrontation mit körperlichen Gebrechen stellt daher für viele Professionelle eine schwere Belastung dar. Vielleicht ist es Ausdruck professioneller Verleugnung und Verdrängung, dass in manchen Artikeln, die sich mit dem alternden Körper beschäftigen, der Eigenbezug nur sehr indirekt zu erschließen ist?

Wenn der alternde Körper immer mehr zum Organisator der Entwicklung im Alter wird, so liegt es nahe, dass ein Ziel der Psychotherapie im Alter (Radebold et al. 1994) darin liegt, in der Auseinandersetzung mit Altersverfall und Verlusten praktische Lösungen in der Gegenwart zu erarbeiten. Bei vielen Patienten kann dieses Ziel nur bruchstückhaft erreicht werden. Für Therapeuten gilt es dann, die eigene Ohnmacht auszuhalten. Wenn wir uns bewusst werden, wie schwer uns selbst der Blick in den Spiegel, in dem sich unser Altern abzeichnet, fällt, und dies anerkennen, hilft dies, therapeutische Schritte mit unseren Patienten zu gehen. Authentizität in der Ohnmacht und die Anerkenntnis, auf viele existenzielle Fragen keine Antwort zu haben und eben nicht souverän mit dem eigenen körperlichen Altern umzugehen, schafft mehr hilfreiche Nähe als die narzisstische Illusion vom allmächtigen Helfer, der auf jede angstvolle Frage eines Patienten eine formelhafte Beschwichtigungsplattitüde zur Hand hat. Vielleicht können die Artikel in diesem Band helfen, mit dieser manchmal bedrohlichen Nähe zum (eigenen) Altern und letztlich auch mit den eigenen Ängsten, die mit dem körperlichen Altern zusammenhängen, etwas gelassener umzugehen.

Bertram von der Stein (Köln)

Literatur

Eckstädt A (1999) Ein Vertriebenenschicksal in der dritten Generation. Die Entwicklung einer Traumatisierung und deren Folgen durch den 2. Weltkrieg im Erstgespräch. In: Schlösser A, Höhfeld K (Hg) Trennungen. Gießen (Psychosozial).

Freud S (1915c) Triebe und Triebschicksale. GW X. Frankfurt (Fischer) 210–232.

Heuft G, Kruse A, Radebold H (2006) Lehrbuch der Gerontopsychosomatik und Alterspsychotherapie. 2. Aufl.. München (Reinhardt).

Hirsch M (1989) Der eigene Körper als Übergangsobjekt. In Hirsch M (Hg) Der eigene Körper als Objekt. Berlin, Heidelberg, New York (Springer).

Pao PN (1969) The Syndrome of delicate self-cutting. Br J med Psychol 42: 195–206.

Sachse U (1977) Selbstschädigung als Selbstfürsorge. Forum Psychoanal 3: 51–70.

Simpson MA (1977) Self-mutilation and the borderline-syndrom. Dyn Psychiatry 10: 42–48.

Korrespondenzadresse:
Dr. med. Bertram von der Stein
Quettinghofstr. 10a
50769 Köln
E-Mail: *Dr.von.der.Stein@netcologne.de*

Grundfragen der Psychosomatik im Alter

Johannes Kipp (Baunatal) und Bertram von der Stein (Köln)

Zusammenfassung

Körperliche Veränderungen fordern von alternden Menschen hohe Anpassungsleistungen, die im Dritten Lebensalter noch ohne große Einschränkungen bewältigt werden können, im Vierten Lebensalter jedoch nicht mehr. Aus diesen Überlegungen heraus wird hier versucht, die Grenze zwischen Drittem und Viertem Lebensalter psychosomatisch zu definieren. Im Dritten Lebensalter, insbesondere nach dem Ausscheiden aus dem Berufsleben, kommt es im Rahmen des Generationenwandels zu einer verstärkten Heterogenität von Alternsprozessen. Die Wellnessbewegung hat das Verdienst, dass gesunderhaltende Aktivitäten nicht nur langfristig wirken, sondern auch kurzfristig zum Wohlergehen beitragen können. Im Vierten Lebensalter kann die Reduktion der körperlichen und geistigen Leistungsfähigkeit nicht mehr kompensiert werden, und Menschen in diesem Lebensalter sind zunehmend von Betreuung und Pflege abhängig. Die ganzheitlichen geriatrischen Krankheitskonzepte (z.B. Frailty oder Gebrechlichkeit, Gedeihstörungen etc.) sind dann in Diagnostik (Assessment), Therapie und Rehabilitation von Bedeutung, die aber psychosomatisch erweitert werden sollten.

Stichworte: Drittes und Viertes Lebensalter, Geriatrie, Ganzheitlichkeit, Anpassung an Altersveränderungen

Abstract: Key questions of psychosomatic medicine in the elderly

Physical changes require high adaption efforts of aging people which can still be accomplished without significant restrictions in the third phase of life, however, no longer in the fourth. Based on these reflections this is an attempt to define the border between the third and fourth phase psychosomatically. In the third phase, especially after retiring, an increased heterogeneity of aging processes in the context of the change of generations occurs. Thanks to the wellness movement, activities that help maintain health are not only effective in the long-run but can also contribute to a well-being in the short-run. In the fourth phase the reduction of physical and mental performance cannot be compensated for anymore and people in this age are increasingly dependent on help and care. The holistic geriatric concepts of disease (e.g.

frailty, failure of thrive etc.) matter in assessment, therapy, and rehabilitation, but should also be extended to psychosomatic medicine.

Key words: Third and fourth phase of life, geriatrics, holism, adjustment to changes due to the aging process

Einleitung

Das Alter bezeichnet eine Periode des Lebens, deren zeitliche Begrenzungen definiert werden müssen. Wann man in diese Periode eintritt, ist je nach Sichtweise sehr unterschiedlich. Geht man von der Berufstätigkeit und den Rentenversicherungsgesetzen aus, so ist dafür das Alter von 65 Jahren derzeit der späteste Termin. Subjektiv mag man sich in diesem Alter vielleicht noch nicht alt fühlen und die Leistung bei Dauersportarten kann noch so gut wie bei Dreißigjährigen sein.

Nach dem Ausscheiden aus dem Berufsleben ist das Alter durch eine zunehmende sozialstrukturelle und individuelle Differenzierung gekennzeichnet (Backes 2002), wobei Höpflinger (2008) darauf aufmerksam macht, dass die Einen sich aktiv um die Gestaltung des Alters kümmern, während die Anderen es weiterhin als unausweichliches Schicksal ansehen.

Das Alter dehnt sich über eine lange Zeit aus und nimmt insgesamt bei der heute bestehenden Lebenserwartung mindestens ein Drittel des Erwachsenenlebens ein. Eine weitere Unterteilung des Alters in ein Drittes und Viertes Lebensalter ist notwendig (Peters 2004, 36f.), um die unterschiedlichen Entwicklungen und Probleme, aber auch um die medizinischen und sozialen Interventionsformen sinnvoll zuzuordnen. Das Dritte Lebensalter umfasst ca. 15 Lebensjahre und endet mit dem 75. oder 80. Lebensjahr, selten später. Für diese Zeit trifft die soziologische Feststellung zu, dass es zu einer Verjüngung einer alternden Gesellschaft im Rahmen des Generationswandels gekommen ist. Im Vierten Lebensalter werden die körperlichen Einschränkungen dann deutlicher, der Rückzug in die eigene Wohnung, die reduzierte Teilnahme am öffentlichen Leben und die Zunahme von Krankheit und Pflegebedürftigkeit treten allmählich in Vordergrund, sodass sich wieder eine Vereinheitlichung des Handelns bzw. des Schicksals herausbildet. Auch für die psychosomatische Betrachtung ist die Unterteilung der Altersperiode in ein Drittes und Viertes Lebensalter sinnvoll, da jeweils unterschiedliche psychosomatische Probleme im Vordergrund stehen.

Die maximale Dauer des Lebens ist durch körperliche bzw. genetische Faktoren festgelegt. In der Regel wird es kaum länger als 100 Lebensjahre. 122 Jahre ist die höchste dokumentierte Lebensdauer eines Menschen (wikipedia). Lebensumstände, gesunde Ernährung, aber auch Beziehungen und

Hirngew.

Körpergew.

Grundumsatz

Ges.körperwasser

Zereb. Zirkulation

Gesamtzellmasse

Herzindex

Dauerleistung

Glomeruläre Filtrationsrate

Fasern im peripheren Nerv

Maximale Herzfrequenz

Vitalkapazität

Handmuskelkraft

Atemgrenzwert

Renaler Plasmafluss

Exspirationsstoß

Maximale O2-Aufnahme

Kompressionsfestigkeit Lendenwirbel

Geschwindigkeit pH-Regulation

Thymushormone im Plasma

| 0% | 50% | 100% |

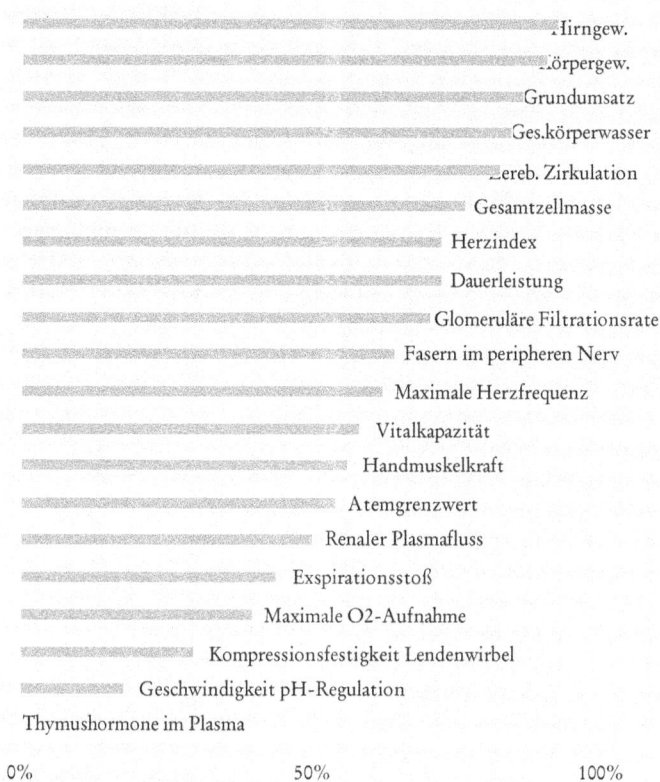

Abbildung 1: Regressive körperliche Veränderungen zwischen dem 30. (entspricht 100%) und dem 80. Lebensjahr (nach Heuft u. Radebold 2008)

Freundschaften (Rosenmayr 2008) tragen dazu bei, dass ein Leben in Gesundheit und Wohlbefinden länger möglich ist. Bei den Hoffnungen auf ein langes Leben geht es in der Regel aber nicht um die zeitliche Lebensdauer, sondern um die behinderungsfreien Lebensjahre (Disability–Free Life Expectancy, Nikolaus 2008, 61).

Körperliche Veränderungen im Laufe des Alterns

Ab dem 30. Lebensjahr gehen die Leistungen der Organe kontinuierlich zurück. In Abbildung 1 wird gezeigt, wie stark dieser Rückgang durchschnittlich ist.

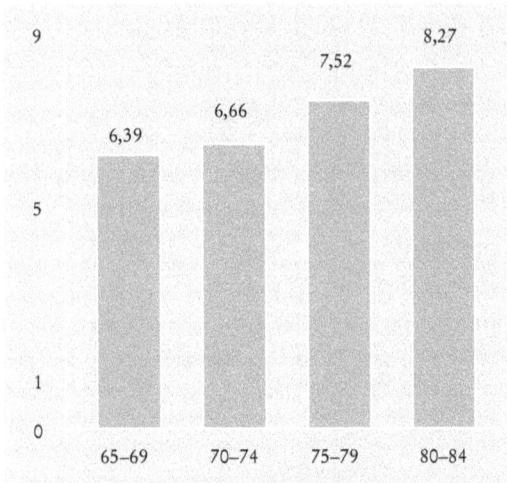

9				8,27
			7,52	
		6,66		
	6,39			
5				
1				
0				
	65–69	70–74	75–79	80–84

Abbildung 2: Mittlere Zahl von Obduktions-
diagnosen in verschiedenen Altersgruppen
(nach Böhmer 2008, 83)

Außerdem nehmen mit zunehmendem Alter die Häufigkeiten von Störungen und Krankheiten zu.

Die Zahl der durchschnittlich vorgefundenen Krankheitsdiagnosen bei Obduktionen liegt im Vergleich zu anderen in der Literatur angegebenen Zahlen sehr hoch. Dies ist darauf zurückzuführen, dass in die Untersuchung nur die in den jeweiligen Altersstufen verstorbenen Menschen eingingen. Die Zahlen dokumentieren aber eindrucksvoll, dass die Morbidität (Krankheitshäufigkeit) im Alter von extremer Bedeutung ist. Jedoch ist zu berücksichtigen, dass objektivierbare Störung und subjektives Empfinden oft nicht übereinstimmen; beispielsweise zeigten 27% der 70-Jährigen und 44% der 80-Jährigen radiologische Zeichen einer Kniegelenksarthrose (Gonarthrose), jedoch klagten jeweils nur 7% bzw. 11,2% über Knieschmerzen in dieser Untersuchungspopulation (Köller 2008).

In der normalen Lebenspraxis und in Zeiten, in denen keine Höchstleistungen erwartet werden, kommen die Einschränkungen der Organtätigkeit und viele chronische körperliche Erkrankungen wenig zum Vorschein und schränken das Leben häufig nicht wesentlich ein, insbesondere dann, wenn beispielsweise ein zu hoher Blutdruck oder ein Altersdiabetes medikamentös zufriedenstellend behandelt werden kann. Entscheidend ist jedoch, dass die Funktionsreserve der Organe (Organreserve, Nikolaus 2008) sich reduziert und dass die körperlichen Einschränkungen sofort vehement wahrnehmbar werden, wenn plötzliche – oft auch nur kurze – Höchstleistungen gefordert werden. Deshalb sind viele (Mannschafts-)Sportarten mit zunehmendem Alter nicht mehr mit Lust durchführbar, weil Erfolg dabei oft nur durch kurzfristige Höchstleistungen erreichbar ist. Anders ist es jedoch bei Ausdauersportarten, bei denen ein 70-Jähriger durchaus sehr gut mit einem weniger trainierten 30-Jährigen mithalten kann, was sich beispielsweise beim Laufen oder Fahrradfahren zeigen kann.

Insgesamt sind hohe Anpassungs- und Kompensationsleistungen notwendig, um diese Veränderungen der Organleistung zu verkraften. Wie in der Alterspsychologie (Baltes 1997) ist für ein erfolgreiches bzw. gesundes Altern auch in der Psychosomatik das SOK-Prinzip relevant (bei dem es um *Selektion*, *Optimierung* und *Kompensation* geht). Dieses Prinzip besagt, dass bestimmte Funktionen auch im Alter stabilisiert und verbessert werden können:

➤ *Selektion:* Nicht alle körperlichen Funktionen können durch Training in ihrer Funktion entgegen dem Alternsprozess verbessert werden. Jedoch gelingt dies bei einzelnen Organen bzw. Organsystemen, die man für das Training auswählen (selektieren) muss. Dazu gehören sicher Herz-Kreislauf, Atmung und Muskulatur.

➤ *Optimierung:* Durch Training dieser Organsysteme können hervorragende Leistungen insbesondere Dauerleistungen erreicht werden. Es ist nicht von ungefähr, wenn auch Über–70-Jährige Marathonläufe mitmachen, dies gelingt ihnen, wenn sie den Langlauf langfristig üben.

➤ *Kompensation:* Dabei gilt es, wenn Höchstleistungen gefordert werden, strategisch mit den Leistungsanforderungen umzugehen, da die Funktionsreserve der Organe im Vergleich zu der bei jüngeren Menschen gering ist. Bleibt man mit den Beispielen im sportlichen Bereich, so sollte man mit zunehmendem Alter allmählich von Sportarten, die eine hohe Organreserve erfordern, auf Dauersportarten wechseln, bei denen durch Optimierung der körperliche Leistungsabfall kompensiert werden kann.

Leider – das kann man vor allem bei älter werdenden Männern beobachten – führen die Einschränkungen der Organfunktion, die mit dem Alter zunehmen, bei den Betroffenen häufig nicht zu Selektions-, Optimierungs- und Kompensationsbemühungen, sondern zur Aufgabe der davon abhängigen Aktivitäten. Das Schauen der Sportsschau mit einer Flasche Bier in der Hand ist sicher kein Ersatz dafür, Sport zu betreiben.

Inaktivität wirkt sich aber negativ auf den weiteren Prozess des Alterns aus. Da besonders bei plötzlichen Einschränkungen die Notwendigkeit, sich anzupassen, unabdingbar ist, kommt es häufig zu Fehlanpassungen, insbesondere wenn die kognitiven Möglichkeiten auch schon eingeschränkt sind. Wir (Kipp u. Jüngling 2007) haben versucht, psychische Störungen als derartige kompensatorischen Fehlanpassungen (Selbstheilungsversuche) nach Verlusten zu charakterisieren. Entsprechende Überlegungen sind auch bei psychosomatischen Krankheiten notwendig.

Mit zunehmendem Alter treten ernsthafte, das Leben einschränkende, oft zum Tode führende Erkrankungen häufiger auf. Die Inzidenz von onkologischen Erkrankungen ist beispielsweise in der Altersgruppe zwischen 80 und 84 Jahren achtmal häufiger als im Alter von 45 bis 49 (Kolb 2008). Auch das Risiko, an einem Mammakarzinom zu erkranken, ist altersabhängig: Bei 30-Jährigen tritt es nur in der Relation von 1:2525 auf, bei den 60-Jährigen ist es schon hundertmal häufiger (Relation 1:24) und bei den über-80-jährigen Frauen ist jede zehnte davon befallen (ebd., 317). Mit zunehmendem Alter werden auch die kurativen Möglichkeiten durch die bestehende Multimor-bidität eingeschränkt – Operationen sind beispielsweise nicht mehr so gut möglich – und auch die Möglichkeiten zu einer kompensatorischen Anpassung werden geringer.

Augenerkrankungen, zunehmende Schwerhörigkeit und Schwindelerschei-nungen sind vor allem Störungen bzw. Erkrankungen im höheren Lebensalter. Sie verändern Mobilität und Kommunikation und bewirken ein anderes In-der-Welt-Sein. Wenn die kurativen bzw. kompensatorischen Möglichkeiten (wie Katarakt-Operationen, Hörgeräte) sich nur eingeschränkt realisieren lassen, sind hohe Anpassungsleistungen erforderlich, die kritische Heraus-forderungen darstellen.

Versuch, die Grenze beziehungsweise den Übergang vom Dritten zum Vierten Lebensalter psychosomatisch zu bestimmen

Die Festlegung von Altersgrenzen nach Lebensjahren, um Lebensabschnitte voneinander abzugrenzen, kann nur orientierend sein, da die Prozesse des Alterns sehr unterschiedlich und individuell ablaufen und von genetischen, psychischen und sozialen Konstellationen abhängen. Mehr gesundheitsbe-wusste Ernährung und vor allem mehr Bewegung sowie geistige Aktivität können Alterungsprozesse hinauszögern.

Es ist keine Frage, dass der Übergang vom späten Erwachsenenalter zum Dritten Lebensalter vorwiegend durch soziale Voraussetzungen (Ausscheiden aus dem Berufsleben) bestimmt ist. Durch die Erhöhung des Renteneintritts-alters, das sich stufenweise dem 67. Jahr nähern soll, wird auch die subjektive Altersgrenze verschoben. Bei diesen Veränderungen ist zu berücksichtigen, dass sich auch die durchschnittlichen Schulzeiten verlängert haben, jedoch nicht die durchschnittlichen Erwerbszeiten.

Mit dem Eintritt in das Dritte Lebensalter, insbesondere mit dem Eintritt in den Ruhestand, verändern sich die körperlichen und psychosozialen Anforde-rungen. Äußere Zeitgeber, wie beispielsweise die festgelegte Arbeitszeit, verlieren an Bedeutung und mehr Selbstregulation und Ich-Autonomie sind notwendig. Vielen Frauen und dem größten Teil der Männer gelingt es, weiter aktiv am Leben teilzunehmen und nicht auf ein (Bier-)Fläschchenstadium zu regredieren.

Zwar häufen sich in diesem Stadium des Alterns chronische Erkrankungen, sie sind jedoch in der Regel nicht so einschneidend, dass auf ein aktives Leben verzichtet werden muss und ein Rückzug einsetzt, in dem nur noch Formen einer passiven Kontaktaufnahme möglich sind. Grundsätzlich kann man für diese Phase des Alterns sagen, dass die Veränderungen im Sinne eines Abbaus so langsam verlaufen, dass eine kompensatorische Adaptation möglich ist. Außerdem ist es natürlich wichtig, den Erkrankungen kurativ zu begegnen. Das heißt, ein neues Hüftgelenk kann vorher bestehende chronische Funktionsschmerzen so reduzieren, dass neue Aktivitäten wieder möglich werden.

Der Übergang ins Vierte Lebensalter liegt bei 75 bzw. bei 80 Jahren. Ab dieser Zeit zwingen körperliche und häufig auch kognitive Veränderungen zu einer veränderten Lebensweise. In dieser Zeit lichten sich auch die Kontakte zu Altersgenossen und Freunden, weil auch diese natürlich nicht von Krankheit und Tod verschont bleiben. Die Kontakte zentrieren sich dann mehr auf die

Kennzeichen	Drittes Lebensalter	Viertes Lebensalter
Altersstufen	(60) 65–75 (80)	(75) 80–...
Körpergewicht	eher steigend groß	eher fallend
Aktivitätsmöglichkeit	groß	eingeengt
Steuerungsbewusstsein	wenig eingeengt	deutlich eingeschränkt
Funktionsreserve	reicht aus	aufgehoben
Adaptive Kompensation	gut	reicht nicht mehr aus
Gesellschaftliche Teilnahme	nicht eingeschränkt	eingeschränkt
Verantwortung für Therapie	beim Patienten selbst	beim therapeutischen Personal
Psychotherapeutisches Vorgehen	wie im Erwachsenenalter	Beratung der Betreuer

Tabelle 1: Bestimmung des Übergangs vom Dritten zum Vierten Lebensalter aus psychosomatischer Sicht

Familie bzw. auf professionelle Helfer. Ich möchte *den Eintritt in das Vierte Lebensalter damit definieren, dass die kompensatorische Adaptation an die Veränderungen im höheren Alter nicht mehr ausreicht, um die eingetretenen Verluste ohne Einschränkungen auszugleichen.*

Hinzu kommt, dass der Zeitpunkt des Übergangs in das Vierte Lebensalter meist durch ein körperliches oder seelisches Ereignis ausgelöst wird. Häufig sind es Stürze, die beispielsweise zur Schenkelhalsfraktur führen, oder plötzliche Dekompensationen bestehender Erkrankungen, die die vorherige Balance zwischen Altersveränderungen im Sinne von Abbau und adaptiver Kompensation aus dem Gleichgewicht bringen. Nicht selten sind es aber auch Beziehungsverluste, die die vorher bestehende Stabilität des Dritten Lebensalters ins Wanken bringen. So kann beobachtet werden, wie der Tod eines Ehepartners beim anderen einen plötzlichen, nicht mehr kompensierbaren Alterungsprozess auslöst. Aus dieser Sicht liegt der Beginn des bzw. der Übergang ins Vierte Lebensalter in dem schnelleren Voranschreiten der bio-psycho-sozialen Veränderungen, sodass die Verluste ohne Einschränkungen im täglichen Leben nicht mehr kompensiert werden können und die autonome Regulation wegfällt. In einer Tabelle wird versucht, die Veränderungen zusammenzufassen, die beim Übergang von Dritten ins Vierte Lebensalter auftreten.

Vieles, was die geriatrische Medizin an methodischem Vorgehen bietet, ist ein Ersatz für die dann im Vierten Lebensalter fehlende autonome Kompetenz, sich aktiv auf Verluste einzustellen. Dazu gehören sowohl das geriatrische Assessment als auch die umfassende geriatrische Rehabilitation, bei beiden liegt die Verantwortung nicht mehr beim Patienten sondern beim durchführenden Personal. Die Altersveränderungen in dieser Lebensphase führen nicht zu isolierten Organkrankheiten im Sinne von nosologischen Entitäten (und sind also keine definierten Krankheitseinheiten). Das Gebrechlichkeitssyndrom (Frailty) und die Gedeihstörung (failure of thrive) sind vielmehr Zeichen dafür, dass die autonome Gegenregulation nicht mehr ausreicht.

Zur Psychosomatik des Dritten Lebensalters

Das Dritte Lebensalter unterscheidet sich in Bezug auf die bio-psycho-soziale Problemstellung nur wenig vom vorausgehenden Erwachsenenalter, außer dass in der Regel mehr Zeit und Muße vorhanden sind, die Tage selbst zu gestalten. Während bei einem Teil der schwer arbeitenden Bevölkerung die berufliche Entpflichtung noch mit dem Ideal des Ruhestandes, im wörtlichen Sinn des *Zur-Ruhe-Kommens* im Vordergrund steht, sieht inzwischen die Mehrzahl der Menschen in diesem Stadium die Chance, ihr Leben neu und aktiver zu gestalten, weil die Grundbedürfnisse durch Rente oder Pension gedeckt sind.

Motive für mehr Aktivitäten können die Erkenntnisse der Gerontologie liefern: körperliche und geistige Aktivität können bewirken, dass die behinderungsfreien Lebensjahre verlängert werden (Nikolaus 2008). Es ist aber sicher von nur wenigen Menschen zu erwarten, dass sie, um solche langfristigen Ziele zu erreichen, soviel Frustrationstoleranz aufbringen würden, wenn es nicht auch Spaß machen würde, sich zu bewegen oder entspannen und für eine gesunde Ernährung zu sorgen. Deshalb ist es gut, dass körperliche Aktivierung mit Wellness in Verbindung gebracht worden ist. Das Versprechen auf eine kurzfristige Belohnung ist sicher ein gutes Motiv, aktiv zu werden. Wellnessanbieter sollten natürlich darauf achten, dass sie nicht nur kurzfristig positiv wirkende Aktivitäten bieten, sie sollten auch gerontologisch definierte langfristige Ziele nicht aus dem Auge verlieren (Rosenmayr 2008): »Wer auch im Alter von 50+ ein geklärtes Steuerungsbewusstsein hat – so zeigen uns die Ergebnisse unserer eigenen empirischen Forschungen – ›wer weiß, was er will‹ und danach auch handelt, dem sind auch die Gesundheitsvorsorge und die Gesunderhaltung wichtig«.

Besondere Bedeutung kommt im Alter auch den zwischenmenschlichen Beziehungen zu. Untersuchungsergebnisse zeigen, »dass die gesundheitliche Beeinträchtigung umso geringer ist, je mehr Personen der Freundes- bzw. Bekanntenkreis umfasst. So berichten drei Viertel derjenigen, die einen großen Freundeskreis haben, von einem guten oder sehr guten Gesundheitszustand. Die Personen mit einem kleinen Freundeskreis schätzen sich in ihrem Gesundheitszustand nur zu 50% so positiv ein. Bei Menschen 50+, die keinen Freundeskreis haben, bewertet nur mehr ein Viertel die eigene Gesundheit als gut oder sehr gut. […] Der Freundeskreis senkt auch deutlich Symptome von Depressivität« (Rosenmayr 2008, 15).

Die psychotherapeutischen Möglichkeiten im Dritten Lebensalter unterscheiden sich nur wenig von denen, die im späten Erwachsenenleben angewandt werden. Besonders zu berücksichtigen (Kipp 2008) sind:

➢ die spezifischen Übertragungs- und Gegenübertragungsbeziehungen zu jüngeren Therapeuten,
➢ die besonderen psychosozialen Aufgaben,
➢ die höhere Bedeutung des Körpers,
➢ die Zunahme narzisstischer Beziehungskonflikte und nicht zuletzt
➢ die besonderen historischen Erfahrungen (Heuft et al. 2006).

Allgemeine Psychosomatik des Vierten Lebensalters

Mit der Definition geriatrischer Syndrome wird versucht, nicht mehr auf einzelne nosologische Entitäten (also auf Krankheitseinheiten, die ätio-pathogenetisch

definiert sind) bei der bestehenden Multimorbidität im Alter einzugehen, sondern das Zusammenspiel bzw. die gegenseitige Beeinflussung der gleichzeitig
bestehenden Störungen und Veränderungen ganzheitlich (mit einem Assessment)
zu erfassen und ganzheitlich Therapie- und Rehabilitationskonzepte zu entwickeln. Diese wichtige ganzheitliche Betrachtungsweise der Geriatrie betrifft
den alternden Körper. In die ganzheitliche Betrachtung ist das Seelenleben aber
nicht einbezogen, Psychisches wird meist auf das Vorhandensein oder Fehlen
depressiver oder demenzieller Symptome reduziert (Böhmer u. Füsgen 2008,
Zeyfang et al. 2008, Wettstein et al. 1997). Biografie und Schicksal haben in
dieser Betrachtungsweise nur wenig Bedeutung. Die häufig vorliegenden depressiven Symptome wirken sich meist negativ auf den körperlichen Zustand aus.

Während die Wechselwirkung zwischen körperlichen Störungen in der
Geriatrie gut herausgearbeitet wurde, finden Überlegungen zu den Wechselwirkungen zwischen körperlichen Funktionen und seelischen Schicksalen
nur wenig Interesse. Trotz der ganzheitlichen Ansätze in der Geriatrie fehlen
Untersuchungen, die zeigen, wie biografisches Schicksal und die Dekompensation geriatrische Syndrome im Zusammenhang stehen, obwohl solche
Zusammenhänge klinisch ganz offensichtlich sind.

Insbesondere was das Vierte Lebensalter betrifft, ist es notwendig, aus
der Geriatrie eine geriatrische Psychosomatik zu entwickeln. Schicksale und
psychosoziale Veränderungen führen oft zur Dekompensation, in manchen
Fällen aber auch zur Stabilisierung bei geriatrischen Erkrankungen:

*Schützendorf und Dannecker (2008) beschreiben eine Frau, die binnen
weniger Wochen nach dem Tod ihres Ehemanns plötzlich eine Demenz
entwickelt.*

*Der Vater eines meiner Patienten, der nach dem Tod seiner Frau schon sehr
hinfällig geworden war, lernte im Kurlaub eine andere Frau kennen und entwickelte plötzlich »gesunde« Aktivitäten, die die Familie ihm nie zugetraut
hätte, obwohl die bestehende Multimorbidität dadurch nicht aus der Welt
geschafft war.*

*Herr S. war in den letzten 20 Jahren vor dem Tod seiner Frau vorwiegend
krank, wurde vorzeitig berentet und zog sich häufig hadernd auf sein Bett
zurück. In der Ehe hatten Herr und Frau S. untereinander zu leiden. Als
Frau S. starb, wurde er wieder aktiver und führte plötzlich bei bestehender
Multimorbidität sein Leben relativ zufrieden und aktiver weiter.*

Eine psychosomatische Betrachtungsweise des Vierten Lebensalters ist auch
für eine sinnvolle Therapie und Rehabilitation notwendig, d. h. Erkenntnisse

über das frühere Lebensschicksal sollten bei Unterstützung und Pflege durch ein interdisziplinäres rehabilitatives Team in einer geriatrischen Klinik mit einbezogen werden. Das reduzierte Steuerungsbewusstsein – um mit einem Wort von Rosenmayr (2008) zu sprechen – von Menschen in dieser Lebensphase muss durch die therapeutischen Aktivitäten des Personals ersetzt werden. Nur wenn das Personal die Einstellungen und Wünsche, die Schwierigkeiten und Ängste kennt, kann es ersatzweise Aufgaben übernehmen, die nicht zu einer totalen Entmündigung des Patienten führen.

Spezielle Psychosomatik des Vierten Lebensalters

Die Einteilung geriatrischer Syndrome ist noch im Fluss, weil sie sich nicht als anatomische bzw. physiologische Körperstörungen definieren lassen, sondern eine Vielzahl körperlicher Störungen unter jeweils einer Schwerpunktstörung zusammenfassen. Wir orientieren uns hier an den Definitionen von Zeyfang et al. (2008).

Frailty oder Gebrechlichkeit

Es handelt sich bei der Gebrechlichkeit (frailty) um einen altersassoziierten Abbau körperlicher und kognitiver Funktionen sowie um eine zunehmende Vulnerabilität gegenüber Erkrankungen und deren psychosozialen Folgen. Gebrechlichkeit ist ein physiologischer Status mit verminderter Leistungsreserve und kumulativer Dysregulation der physiologischen Systeme (Nikolaus 2008, 3).
    Zu den biologischen Markern der Gebrechlichkeit gehören:
➢ Verlust von Muskelkraft/Muskelmasse,
➢ Anorexie,
➢ kognitive Schädigung und Arteriosklerose,
➢ Rückgang anaboler und Anstieg kataboler Hormone sowie
➢ Anstieg von Entzündungsmarkern bzw. Cytokininen.

Motorische Defizite und Inkontinenz können hinzukommen. Insbesondere der Rückgang der Muskelmasse (Sarkopenie) scheint im Vordergrund zu stehen, wobei hier die Frage ist, ob der seelische Rückzug von jeglicher Aktivität, der natürlich auch als Depression beschrieben werden kann, für dieses körperliche Symptom ausschlaggebend ist.
    Neben einer medikamentösen Therapie wird durch Aktivierung und Unterstützung bei der Ernährung und durch Anregung von Kontakten ver-

sucht, dass solche Patienten wieder selbst Aufgaben der Selbststeuerung nach Überwindung der Krise übernehmen.

Gedeihstörungen oder Failure to thrive

Gedeihstörungen wurden ursprünglich in der Pädiatrie beobachtet. Es handelt sich um eine Konstellation von Symptomen mit progredientem mangelhaften Antrieb, Gewichtsverlust, Schwäche und Hinfälligkeit ohne hinreichenden Einzelgrund. Mehr als die Hälfte der davon betroffenen Menschen im Alter versterben innerhalb eines Jahres (Hagg-Grün 2008, 35). Bei dieser Gedeihstörung kommt es zu einem Teufelskreis von Appetitlosigkeit, Gewichtsabnahme, Unterernährung, Depression, sozialem Rückzug, Gangunsicherheit und Resignation. Dieses geriatrische Syndrom kann durch einen Sturz, aber auch – nach unserer klinischen Erfahrung – durch den Tod des Partners ausgelöst werden. Dieser Teufelskreis ist durch Therapie nur schwer durchbrechbar. Auch wenn ein zwischenmenschlicher Verlust den Auslöser darstellt, ist selten zu hoffen, dass durch professionelle Kontakte dieser Verlust zu kompensieren ist (Kipp et al. 2005).

Immobilitätssyndrom

Immobilität im Alter ist nicht nur eine Folge von Erkrankungen des Bewegungsapparates, sondern auch eine eigenständige Krankheitsidentität (Hagg-Grün 2008, 36). Auslöser sind demenzielle Entwicklungen, Beeinträchtigungen des Bewegungsapparates, neurologische Erkrankungen und häufig auch ärztliche Verordnungen, wie Bettruhe, Fixierung und sedierende Medikamente, aber auch Stürze – jeder dritte ältere Mensch, der erstmals gestürzt ist, schränkt seine körperlichen Aktivitäten ein (Nikolaus 2008), sodass man auch von einem *Postfall*-Syndrom sprechen kann. Auch hier gibt es einen Teufelskreis von Folgen, wie beispielsweise die Entwicklung von Kontrakturen, Dekubitalgeschwüre, Inkontinenz mit Dauerkatheterversorgung etc., die wiederum die Mobilität einschränken. Aus eigener Beobachtung ist für das Eintreten von Immobilität auch eine falsche Form der Schmerzverarbeitung ausschlaggebend.

Schmerzen im Alter

Fast alle ältere Menschen haben körperliche Veränderungen, die nozizeptive Reize auslösen können (Wetzstein et al. 1997, 220). Obwohl im Alter zahlreiche unklare Schmerzsyndrome in der unteren Wirbelsäule, aber auch im Muskel-, Sehnen-, Knochenbereich (Fibromyalgie) vorkommen, werden in den neuen Geriatriebüchern somatoforme, also psychogene Schmerzen im Alter nicht berücksichtigt. Vielmehr wird dort so getan, wie wenn die geklagten Schmerzen körperlich bedingt seien. Die Somatisierung von seelischen Schmerzen nach Verlusten ist bei älteren Menschen aber mindestens ebenso häufig wie im Erwachsenenalter zu erwarten, bei Depressionen im Alter treten sogar vermehrt somatische Beschwerden und Schmerzen auf (Kipp 2007).

Zwar ist es richtig, dass bei dementen Patienten, die nicht mehr kommunikationsfähig sind, vermehrt auf die Möglichkeit von Schmerzen und eine adäquate Schmerztherapie mit zentral wirksamen Opioiden geachtet werden sollte, Schmerzen sollten aber gerade im Vierten Lebensalter auch mit der Fragestellung untersucht werden, ob es sich um eine somatoforme Schmerzstörung bzw. um einen Seelenschmerz handeln könnte, der ins Körperliche verlagert ist. Therapeutisch ist dann anders vorzugehen.

Auch bei solchen Schmerzsyndromen besteht die Gefahr, dass sich ein Teufelskreis entwickelt: Verluste führen zu somatoformen Schmerzen und diese weiter zu Kontakteinschränkungen durch schmerzbedingte Immobilität, die die Vereinsamung fördern. Auch dieser Teufelskreis ist schwer zu beeinflussen.

Schwindel und die Angst vor dem Sturz

Angststörungen werden im Alter seltener diagnostiziert (Kipp 2004). Dies kann damit zusammenhängen, dass Angststörungen mit zunehmendem Alter wirklich zurückgehen. Möglicherweise ist aber ein Vermeidungsverhalten, d. h. die Vorsicht, ausgeprägter, sich in angstauslösende Situationen zu begeben. Alte Menschen vermeiden nach unserem Eindruck vorbeugend, sich mit angsterregenden inneren oder äußeren Situationen zu konfrontieren.

Angst im Alter kann sich aber auch in verkleideter Form als Schwindel, eine Form der somatisierten Angst, manifestieren. Immerhin leiden 30% der Älteren unter Schwindelanfällen, 9% unter Lagerungsschwindel. Ein Drittel der älteren Menschen schränken ihre Aktivitäten aus Angst vor Stürzen ein (Nikolaus 2008, 119f). Angst als Gefahrensignal kann zwar ein realistisches Warnsignal sein, möglicherweise werden durch Vorsichtsmaßnahmen jedoch die Risiken nicht reduziert. Vorsichtiges Gehen führt dazu, dass normale Mobilitätsabläufe des Gehens, die man im Leben millionenfach geübt hat und die im Gehirn gut koordiniert sind, durch neue Gangformen abgelöst werden. Diese sind weniger sicher und weniger gut koordiniert. Die Bedeutung der ersicht

Koordination zeigt sich auch darin, dass Stürze häufiger sind, wenn während des Gehens andere Aufgaben gelöst werden müssen (Multitasking).

Störungen der Kommunikation durch Sinneseinschränkungen

Schwer ausgleichbare Sehstörungen und Schwerhörigkeit sind Erkrankungen des höheren Lebensalters. Die kurative Behandlung (Katarakt-Operationen) bzw. eine moderne Hilfsmittelversorgung (adäquate Brille, Hörgerät) können diese Einschränkungen der Wahrnehmung und damit auch der Kommunikation relativ gut ausgleichen. Wir kennen jedoch zahlreiche ältere Patienten, die solche Hilfsmittel wenig nutzen, so wie wenn der Abstand zur Welt und zu den Aufregungen der zwischenmenschlichen Beziehungen durchaus ein Beruhigungsmittel sei. Eine solche Lebenshaltung führt zu Rückzug, Immobilität und zu Konflikten in der Pflege. Hier gilt es, die psychische Motivlage solch alter Menschen genauer zu erkunden und sich nicht davon abschrecken zu lassen, dass sie in der Abwehr jede Veränderung zu boykottieren versuchen.

Malnutrition und Inkontinenz

Während im Dritten Lebensalter die Gewichtsabnahme bei Übergewicht noch günstig ist, stellt die Gewichtsabnahme im Vierten Lebensalter, die häufig mit Essensverweigerung einhergeht oder durch Beschwerden im Magen-Darm-Trakt bzw. von Schluckstörungen ausgelöst wird, eine starke gesundheitliche Gefährdung dar. Inwieweit das fehlende Appetenzverhalten als psychosomatische Problematik begriffen werden kann, muss untersucht werden.

Inkontinenzprobleme bei Miktion und Stuhlgang, insbesondere leichter Art, treten mit zunehmendem Alter häufiger auf. Dies wird meist auf rein körperliche Faktoren zurückgeführt. Vielleicht sollte aber die psychosomatische Seite nicht aus dem Auge verloren werden, da regressive Reaktionen die Inkontinenz im Alter fördern, insbesondere wenn auch noch, wie vielleicht in früher Kindheit, ein Protest damit ausgedrückt werden kann. Hierzu liegen aber neben Einzelbeobachtungen keine psychosomatischen Untersuchungen vor.

Geriatrische Rehabilitation als psychosomatisches Problem

In der geriatrischen Rehabilitation werden durch ausgebildete Mitarbeiter Funktionen von alten Menschen übernommen, die primär der Selbststeuerung unterliegen. Dies ist häufig lebensrettend und lebensverlängernd. Durch Übernahme der Steuerungsfunktionen in der geriatrischen Rehabilitation werden Ich-Funktionen ersetzt, was sich sicher auch regressionsfördernd auswirkt. In der Psychotherapie alter Menschen werden gegenteilige Ziele angestrebt, es geht um die Stabilisierung (Heuft u. Radebold 2006) der Ich-Funktionen (körperlich, psychisch und sozial) und um die Vermeidung regressionsfördernder Einflüsse. Aufgrund von Supervisionserfahrungen in einer geriatrischen Rehabilitationsklinik können wir beispielsweise feststellen, dass die zwischenmenschliche Bedeutung von Ablehnung, Inaktivität und Verweigerung oft nicht erfasst oder nicht hinterfragt wird. Dies führt dazu, dass Pflegeleistungen häufig aufgedrängt werden müssen. Um hier neue Therapiekonzepte zu entwickeln, ist eine intensive Zusammenarbeit zwischen Geriatern, die in der Rehabilitation arbeiten, und Psychosomatikern notwendig.

Sex- und Genderaspekte des Alterns

Frauen bewerten ihre Gesundheit schlechter als Männer (Rosenmayr 2008, 14). Bei Befragungen klagen Frauen 50+ über eine signifikant höhere Zahl von Krankheiten als gleichaltrige Männer (2,12 versus 1,82). Auch nehmen Frauen im Alter häufiger ärztliche Behandlung wahr, zwei Drittel der geriatrischen PatientInnen sind Frauen (Pils 2008). Das liegt natürlich auch daran, dass »das Alter weiblich ist«, da die Frauen eine sechs Jahre längere Lebenserwartung haben.

Die negative Bewertung der eigenen Gesundheit bei Frauen hat also nichts mit dem Mortalitätsrisiko zu tun. Vielmehr könnte es so sein, dass die körperbezogene Aufmerksamkeit von Frauen dazu führt, dass sie sich bei auftretenden Krankheitszuständen besser schonen bzw. frühzeitiger Hilfe anfordern und so gesünder leben und die Chance haben, länger zu leben.

Auf die geschlechtsabhängige unterschiedliche Lebenszeit kann hier aber ebenso wenig wie auf Sexualprobleme und -funktionen von Frauen und Männern so ausführlich eingegangen werden, wie es nötig wäre.

Fazit

Körperliche und psychische Funktionen sind nicht konstant, sie verändern sich schon während des gesamten Erwachsenenlebens. Beim Übergang ins Dritte Lebensalter sind soziale Faktoren für die Veränderung ausschlaggebend. Der Übergang ins Vierte Lebensalter ist dadurch gekennzeichnet, dass die eingetretenen Verluste und körperlichen Einschränkungen nicht mehr kompensiert werden können. Im Vierten Lebensalter kommt es häufig, ausgelöst durch einen Sturz, eine Krankheit oder einen Verlust, zu einem Teufelskreis mit Rückzug und Ent-Bindung von der Welt und aus Beziehungen, worin sich auch der Todestrieb manifestiert (Freud 1938). So kann dieser sich auch konkret in selbstquälerisch-melancholischem Rückzug einerseits und in manipulativer nonverbaler Vorwurfshaltung andererseits äußern, was in Betreuung und Pflege zu heftigen, teils unbewusst bleibenden Gegenreaktionen führen kann.

Veränderungen und Verluste stellen herausragende bio-psycho-soziale Anforderungen an alternde Menschen und fordern hohe Bewältigungsfähigkeiten (Coping). Bei der Unterstützung der notwendigen kompensatorischen Anpassung sollten die Prinzipien von Selektion, Optimierung und Kompensation in der Therapie berücksichtigt werden. Wenn die kompensatorische Anpassung gestört ist, besteht, ähnlich der Entstehung psychischer Störungen, die Gefahr, dass durch misslungene Selbstheilungsanstrengungen (Kipp u. Jüngling 2007) sich auch psychosomatische Krankheitsbilder herausbilden.

Insgesamt bietet die Geriatrie im geriatrischen Assessment und in der geriatrischen Rehabilitation schon sehr interessante Formen eines ganzheitlichen Denkens und Handelns, wobei jedoch die psychische Dimension auf das Fehlen oder Vorhandensein depressiver oder demenzieller Symptome reduziert wird. Eine Erweiterung der Geriatrie in eine geriatrische Psychosomatik ist notwendig.

Literatur

Backes G (2002) Alter(n) und Lebenslagen im sozialen Wandel. In: Peters M, Kipp J (Hg) Abschied und Neubeginn. Giessen (Psychosozial-Verlag) 53–70.

Baltes PB (1997) On the incomplete architecture of human ontogeny: Selection, optimization and compensation as foundation of development theory. Am Psychologist 52: 366–380.

Böhmer F (2008) Multimorbidität und Polypathie. In: Böhmer F, Füsgen I (Hg) Geriatrie. Wien Köln Weimar (Böhlau) 81–87.

Freud S (1938) Abriss der Psychoanalyse. GW 17. Frankfurt (Fischer) 63–138.

Hagg-Grün U (2008) Immobilität und failure of thrive. In: Zeyfang A, Hagg-Grün U, Nikolaus T (Hg) Basiswissen Medizin des Alterns und des alten Menschen. Heidelberg (Springer) 33–42.

Heuft G, Radebold H (2008) Gerontopsychosomatik. In: Adler RH et al. (Hg) Uexküll Psychosomatische Medizin. 6. Auflage. München (Urban und Fischer) 1247–1268.

Heuft G, Kruse A, Radebold H (2006) Lehrbuch der Gerontopsychosomatik und Alterspsychotherapie. 2. Aufl. München (Reinhardt).

Höpflinger F (2008) Generationswandel des 3. Lebensalters – Soziokulturelle Verjüngung in einer demografisch alternden Gesellschaft. Psychotherapie im Alter 5(4): 401–412.

Kipp J (2004) Angst im Alter – Diagnose und Therapie. Psychotherapie im Alter 1(2): 9–22.

Kipp J (2008) Einführung. In: Kipp J (Hg) Psychotherapie im Alter. Gießen (Psychosozial-Verlag) 11–15.

Kipp J, Buck E, Groß M (2005) Depression im 3. und 4. Lebensalter. Psyche 59(9/10): 944–963.

Kipp J, Jüngling G (2007) Einführung in die praktische Gerontopsychiatrie. München Basel (Reinhardt).

Kolb GF (2008) Geriatrische Onkologie. In: Böhmer F, Füsgen I (Hg) Geriatrie. Wien Köln Weimar (Böhlau) 307–319.

Köller M (2008) Muskel- und Gelenkerkrankungen im Alter. In: Böhmer F, Füsgen I (Hg) Geriatrie. Wien Köln Weimar (Böhlau) 437–446.

Nikolaus T (2008) Gebrechlichkeit (frailty). In: Zeyfang A, Hagg-Grün U, Nikolaus T (Hg) Basiswissen Medizin des Alterns und des alten Menschen. Heidelberg (Springer) 1–32.

Nikolaus T (2008) Gesundes Altwerden. In: Zeyfang A, Hagg-Grün U, Nikolaus T (Hg) Basiswissen Medizin des Alterns und des alten Menschen. Heidelberg (Springer) 59–76.

Nikolaus T (2008) Stürze und Folgen. In: Zeyfang A, Hagg-Grün U, Nikolaus T (Hg) Basiswissen Medizin des Alterns und des alten Menschen. Heidelberg (Springer) 111–125.

Peters M (2004) Klinische Entwicklungspsychologie des Alters. Göttingen (Vandenhoeck & Rupprecht).

Pils K (2008) Sex und Genderaspekte des Alterns. In: Böhmer F, Füsgen I (Hg) Geriatrie. Wien Köln Weimar (Böhlau) 301–305.

Rosenmayr L (2008) Soziale und kulturelle Konstruktion des Alterns. In: Böhmer F, Füsgen I (Hg) Geriatrie. Wien Köln Weimar (Böhlau) 13–30.

Korrespondenzadresse:
Dr. Johannes Kipp
Felsengarten 9
34225 Baunatal
E-Mail: *johanneskipp@t-online.de*

Anna Koellreuter (Hg.)

»Wie benimmt sich der Prof. Freud eigentlich?«

Tomas Böhm, Suzanne Kaplan

Rache

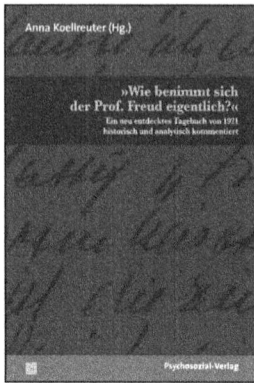

2009 · 317 Seiten · Broschur
ISBN 978-3-89806-897-0

2009 · 265 Seiten · Broschur
ISBN 978-3-89806-830-7

Eine junge Ärztin begibt sich 1921 zu Freud in Analyse. In einem Tagebuch hält sie fest, was sie bewegt. Inspiriert von diesen Aufzeichnungen machen sich PsychoanalytikerInnen und GeschichtsforscherInnen Gedanken zu Freud und seiner Arbeitsweise.

Dieser Fund »kommt für die Wissenschaftsgeschichte einer kleinen Sensation gleich. Es ist das Zusammentreffen von drei Faktoren, das dieses Tagebuch zu einem einzigartigen Dokument macht: Erstens handelt es sich hier um eine reine Patientenanalyse, im Unterschied zu einer Lehranalyse, zweitens fand sie vor Freuds Krebserkrankung statt, und drittens sind die Notizen anscheinend wörtlich notierte Niederschriften dessen, was im Behandlungszimmer gesagt wurde. [...] Unter den bisher veröffentlichten Dokumenten gibt es keines, bei dem alle drei Kriterien zutreffen.«
Ernst Falzeder in: DIE ZEIT.

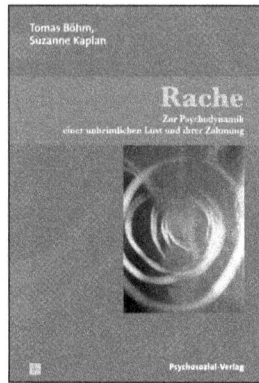

In diesem Buch wird Rache als primitive, destruktive Kraft beschrieben, die allen Individuen, Gruppen und Gesellschaften innewohnt – ein zerstörerisches Potenzial, das sich unter bestimmten Umständen mit Macht den Weg an die Oberfläche bahnt. Das Motiv der Rache findet sich in der psychologischen Verknüpfung von Vorurteilen, Verfolgung, Rassismus und Gewalt. Die Autoren liefern deutliche – und oftmals beunruhigende – Fallbeispiele aus dem Alltag unserer Zeit und stellen Theorien vor, die zum besseren Verstehen von Opfern und Tätern beitragen können. Sie sollen uns helfen, der Versuchung zu widerstehen, selbst Vergeltung zu üben.

Walltorstr. 10 · 35390 Gießen · Tel. 06 41 - 96 99 78-18 · Fax 06 41 - 96 99 78-19
bestellung@psychosozial-verlag.de · www.psychosozial-verlag.de

Alternder Körper und Pflegebedürftigkeit

Eindrücke und Reflektionen aus dem hausärztlichen und geriatrischen Arbeitsbereich

Klaus Windel (Marienfeld bei Gütersloh)

Zusammenfassung

Altern und Pflegebedürftigkeit werden häufig vor allem an körperlichen Veränderungen festgemacht. Im medizinischen Kontext wird der Körper primär als zu untersuchendes und zu behandelndes Objekt wahrgenommen. Im leiblichen Erleben der Patienten hingegen wird Altern und Pflegebedürftigkeit subjektiv in anderen Dimensionen erlebt und in diesem Erleben müssen sie von Behandelnden und Pflegenden begleitet werden. Anhand von Patientenbeispielen aus dem hausärztlichen Tätigkeitsbereich wird dieses Spannungsfeld, ebenso wie spezielle Themen der Leiblichkeit, auch unter ethischen und anthropologischen Fragen bearbeitet. Dabei klingen Aspekte der Selbstreflektion im professionellen Bereich an.

Stichworte: Körper, Leiblichkeit, Altern, Pflegebedürftigkeit, professionelle Selbstreflektion

Abstract: Aging body and need of care – impressions of geriatric work and family medicine

Aging and need of care are conditions which are experienced first and foremost physically. In medical work the body is often seen as an object which is to be examined and treated. In contrast, the individual experience of body perception, aging and need of care is existentially subjective. Different aspects and topics of body experience and aging are shown through examples, implying reflections on ethical, anthropological and health care issues.

Key words: body, body perception, aging, need of care, health care issues

Einleitung

Wenn es um das Altern geht, erfahren wir dies oft und zuvorderst körperlich – in unserem eigenen Leben, bei unseren Angehörigen und auch bei den Menschen, die wir ärztlich oder therapeutisch betreuen. Körperliche Einschränkungen und Gebrechen sind ferner der wesentliche Grund für Hilfs- und Pflegebedürftigkeit. Diese besondere Bedeutung des Körperlichen – die natürlich auch Auswirkungen auf das seelische Erleben hat – erlebe ich in meiner Tätigkeit als Hausarzt ständig. Dabei steht die Frage im Raum, welche Bedeutung der Körper als zu untersuchender, objektivierbarer Gegenstand besitzt und wo andererseits das subjektive Körpererleben, der beseelte Leib mehr in den Vordergrund tritt.

Die deutsche Sprache ist die einzige, die zwei unterschiedliche Wörter anbietet, um verschiedene Aspekte des Körperlichen auszudrücken: Körper und Leib. »Die Unterscheidung von Körper und Leib ergab sich in der deutschen Sprache durch die Verdeutschung des lateinischen Begriffs *corpus* im Gegensatz zu dem mittelhochdeutschen Wort *lip*, das zunächst Leib und Leben und später die Bedeutung von lebendigem, beseeltem, eine bestimmte Person darstellenden Körper erhielt« (Schilling 2000, 10). Körper und Leib entsprechen unterschiedlichen Sichtweisen, mit unterschiedlichen Zugängen zu Krankheit und Leiden sowie unterschiedlichen Chancen und Anfragen.

Nach einem kurzen Überblick über die medizinische Sichtweise auf den Körper als Objekt und die dadurch erwachsenden Chancen und Errungenschaften sowie die biologisch-physiologischen Körperveränderungen im Alter soll das subjektive Erleben des Leibes in skizzenhaften Patientenbeschreibungen anklingen. Dies führt zu einigen gesellschaftlichen, ethischen und anthropologischen Fragestellungen.

Der Körper als medizinisch untersuchtes Objekt

Die moderne technisierte Medizin hat eine Vielzahl von Untersuchungsmethoden entwickelt, mit denen Krankheiten diagnostiziert werden können und die auch im Alter große Bedeutung haben. Herzkatheter mit der Möglichkeit der Dilatation und Stents in verengte Gefäße werden (zumindest in unserer privilegierten Gesellschaft) auch bei betagten Menschen eingesetzt und führen oft zur Lebensverlängerung und zu verbesserter Lebensqualität. Eine im Ultraschall diagnostizierte Verengung der Aorten-Herzklappe wird sogar noch bei über 80-Jährigen erfolgreich mit einer Operation behandelt. Operationen von Oberschenkelhals-Brüchen, eine der häufigsten Unfallfolgen im Alter, sind heute Routine. Pointiert gesprochen wird ein Gegenstand, der Körper, repariert, wobei dies ganz beschreibend und keinesfalls abwertend gemeint ist. Die Sichtweise dieser technisierten Medizin ist objektiv-distanziert und konzentriert, wie sie z. B. bei chirurgischer Arbeit wie einer Herz-OP auch absolut nötig und sinnvoll ist.

Bei vielen chronischen Krankheiten im Alter oder auch bei normalen Alterungsprozessen kommt diese Sichtweise aber an ihre Grenzen, zumal wenn keine eindeutige Ursache für die aufgetretenen Funktionsstörungen zu finden ist (Böhmer 2000, 63ff.). Ferner führt eine rein körperorientierte Medizin bei psychosozialen Problemen nicht weit genug. Hier setzt z. B. die geriatrische Medizin an, in der nicht Einzelsymptome und einzelne Organkrankheiten betrachtet werden, sondern in der die funktionellen Folgen vor dem Hintergrund der psychosozialen Situation und der daraus entstehende Hilfs- bzw. Förderbedarf fokussiert werden. Wesentliche Sichtweisen der Geriatrie bestehen in einer interdisziplinären Arbeitsweise und in einer Ausrichtung auf funktionelle Fragen sowie auf Aspekte der Lebensqualität. Durch ein geriatrisches Assessment mit evaluierten Tests wird der gesundheitliche, psychosoziale und funktionelle Zustand des jeweiligen Patienten ermittelt. Beispiele dieser Evaluationsmethoden sind u. a. der Barthel-Index, der Demtect und das Geriatrische Screening nach Lachs (Pientka 2000). Rehabilitative Ansätze und die Hilfsmittelversorgung gehören ferner zur geriatrischen Arbeit. Ihr vordringliches Ziel ist – soweit möglich – der Erhalt der Selbstständigkeit.

Biologisch-physiologische Veränderungen im Alter

Der Geriater Max Bürger (1962) definierte Alter wie folgt: »Eine als Funktion der Zeit entstehende irreversible Veränderung der lebenden Substanz« (zit. nach Füsgen 2000, 4). In der geriatrischen Sichtweise ist das Altern keine Krankheit, sondern ein physiologischer Rückbildungsvorgang. Etymologisch hingegen scheinen Krankheit und Alter nah beieinander zu liegen: »Krank, mittelhochddeutsch: kranc: schwach, gering, leidend, krumm, gebeugt« (Duden Etymologie 1989) vermittelt Aspekte, die wir mit Alter verbinden, während wir bei »Gesund – von mhd: geschwinde, schnell, stark, rasch« – wohl nicht so sehr Alter assoziieren.

Beim Alterungsprozess scheint jedes Organ unterschiedlich schnell zu altern und auch inter-individuell gibt es große Unterschiede. Bei der Darstellung der körperlichen Veränderungen ist hier nicht der Raum für Detailfakten oder Zahlen. Wichtiger für das Thema sind jedoch die praktischen Konsequenzen der körperlichen Altersveränderungen (Füsgen 2000, 4ff.). Im Bereich des Herz-Kreislaufsystems birgt z. B. eine im Alter verzögert ablaufende

Blutdruckreaktion die Gefahr von Kollaps und Stürzen in sich. Die Sturz-neigung wird noch verstärkt durch die Verringerung der Muskelmasse und die Abnahme der Muskelkraft sowie die verlangsamte Nervenleitung und die Verschlechterung des Sehens. Gleichzeitig erhöht sich durch die Osteoporose im Alter die Gefährdung für Knochenbrüche. Kommt es zur Immobilisierung z. B. nach einem solchen Bruch, so ist die Gefahr, eine Lungenentzündung zu bekommen, im Alter deutlich erhöht (zumal der Hustenreflex im Altern schwächer ist). Auch die Nieren- und die Leberfunktion lassen nach, was bei einer Medikamentenbehandlung zu vermehrten Nebenwirkungen führen kann. Im Bereich des Harntrakts nimmt mit zunehmendem Alter das Fas-sungsvermögen der Blase ab, der Tonus des Blasenmuskels aber zu. Dadurch kommt es zu häufigerem Harndrang. Statistisch ist damit zu rechnen, dass 65 % der Über-65-Jährigen nachts wegen Harndrang aufstehen müssen. Ca. 30 % der alten Menschen weisen zumindest zeitweise eine Harninkontinenz auf. Durch einen Hörverlust, aber auch durch eine Gangstörung mit der Unfähigkeit, die eigene Wohnung verlassen zu können, kann die soziale Iso-lation verstärkt werden. Im Bereich des Nervensystems führen hirnorganisch bedingte Einschränkungen der Gedächtnisleistung bis hin zur Demenz zu häufigen und gravierenden Problemen. Im Verlauf einer Demenz kommt es neben den Hirnleistungsausfällen zu schweren sonstigen Körpersymptomen (wie Schluckstörung, Gangstörung, Bettlägerigkeit).

Rein körperlich betrachtet besteht im Alter ein verletzlicheres gesundheit-liches Gleichgewicht. Häufig ist für funktionelle Defizite keine eindeutige organische Krankheit verantwortlich, es sind nur die allgemeinen Alterungs-prozesse erkennbar. Von Bedeutung kann aber auch die Multimorbidität sein, also das gleichzeitige Vorhandensein mehrerer Krankheiten, die sich gegenseitig ungünstig verstärken können.

Ist der alternde Körper also nur durch Abbau und Defizit gekennzeichnet? Kann dann der Geist, die Psyche, die Seele zumindest noch Ressource sein? Um kein allzu pessimistisches Bild von schicksalhaftem Abbau zu zeichnen, ist es wichtig wahrzunehmen, dass gerade im sogenannten »Dritten Lebens-alter« (also unter 80 J.) körperliche und geistige Aktivität ausgesprochen positive Wirkungen zeigen, wenn es um das Ziel geht, möglichst lange die Selbstständigkeit zu erhalten. Besonders beim Blick auf das sogenannte »Vierte Lebensalter« (über 80 J.) relativieren sich aber allzu optimistische oder idealisierte Altersbilder. Körperliche Fragilität und/oder demenzieller Abbau führen dazu, dass das Risiko für Pflegebedürftigkeit erheblich steigt. Laut Statistischem Bundesamt (2008) gab es 2007 über 2,2 Millionen Pflege-bedürftige. Mit zunehmender Lebenserwartung und der Tatsache, dass viele Menschen in diesem Alter alleinstehend sind, wird diese Zahl weiter steigen. Im Altenbericht der Bundesregierung wird formuliert, dass der Pflegefall erst-

mals in der Geschichte »zu einem erwartbaren Regelfall des Familienzyklus
geworden« sei (www.bmfsfj.de 2002).

Beispiele von Leib-Erleben bei alten Menschen

Nach den kurz aufgeführten Grundlagen, bei denen der alternde Körper
medizinisch als Objekt betrachtet wurde und funktionelle Defizite im Zentrum der Betrachtung standen, möchte ich Sie jetzt auf einige Haus- und
Seniorenheimbesuche mitnehmen, bei denen spezifische Lebenssituationen
erkennbar werden und die Aspekte der Leiblichkeit und der Pflegebedürftigkeit im Vordergrund stehen.

Autonomiewunsch und Schwäche

*Die 89 Jahre alte Frau K. kenne ich seit meiner Praxisübernahme vor drei
Jahren. Damals fuhr die rüstige Witwe, die mit der Familie ihres Sohnes auf
ihrem Bauernhof lebt, noch allein mit dem Fahrrad die drei Kilometer bis zu
unserer Praxis. Klagen über Gelenkbeschwerden vermittelten ihre Unzufriedenheit über die Gebrechlichkeit des Alters bei von außen betrachtet damals doch
sehr gutem Allgemeinzustand. Nach einem schweren Infekt rechneten dann alle
mit ihrem baldigen Sterben, es entwickelte sich danach jedoch ein anhaltender
Schwächezustand, der sich durch keinerlei Behandlung bessern ließ, nun schon
fast zwei Jahre anhält und für den keinerlei Erklärung bei den Organbefunden
und kein therapeutischer Ansatzpunkt gefunden werden konnten.*

*Die geistig klare alte Dame liegt die meiste Zeit des Tages in ihrem Bett
und kann nur noch mit großer Mühe und mit Unterstützung den Transfer
vom Bett zum Toilettenstuhl vollziehen. Sie braucht Hilfe beim Waschen
und Anziehen, was sie mit großer Verärgerung und Reizbarkeit über sich
ergehen lässt. Ausreichende Kriterien für eine Depression bestehen nicht, eine
dennoch versuchte Medikation mit Citalopram über einige Wochen zeigte
keinen Effekt. Wenn ich zu meinem regelmäßigen Hausbesuch komme und
in ihr Zimmer eintrete, liegt Frau K. immer auf dem Rücken, unter die De-
cke gekuschelt, den Kopf gerade noch sichtbar. Mit beiden Händen hält sie
das Holzkreuz umfasst, das ihr der ebenfalls regelmäßig kommende Pfarrer
geschenkt hatte. Häufig fällt mir auch ein unruhiges Zappeln auf. Einige
Sätze, die sie fast bei jedem Hausbesuch sagt, sind mir in Erinnerung: »Das
Leben ist ja doch schwer. Wenn der Herrgott mich doch bald holen würde
…« »Mit so was hab ich ja nicht gerechnet.« »Es war immer so schön.« »Ist
doch alles Behelf!« Sie wäre lieber im Garten plötzlich tot umgefallen, be-*

schreibt sie auf meine Nachfrage. Auch spirituelle Fragen klingen an: »Oder hab ich doch was falsch gemacht?« – Auf meinen fragenden Blick hin sagt sie »Nicht genug gebetet? … Kann auch nicht mehr so beten …« Sind dies nur Themen für den auch regelmäßig kommenden Pfarrer? Die Hausbesuche durch mich haben keinen medizinischen Ansatz im engeren Sinne mehr. Aber im Gespräch wird etwas Entlastung von ihrem Ärger über die verlorene Autonomie spürbar, ferner auch Erleichterung darüber, im Unabänderlichen durch ihre Familie begleitet zu werden.

Das Erleben von Schwäche ist, wenn man sie auf die Begriffe Körper bzw. Leib bezieht, eben in dem nicht objektivierbaren Leiblichen anzusiedeln. Der Philosoph Hermann Schmitz, der sich intensiv mit dem Thema der Leiblichkeit beschäftigt hat, spricht von »leiblichen Atmosphären«, die nicht sichtbar noch tastbar sind (Schmitz, zit. n. Schilling 2000, 14). Hier spielt sich das emotional-leibliche Befinden ab, das sich z. B. in Angst, Schmerz, Hunger und eben auch Schwäche zeigt.

Somatischer Alterungsprozess als Organisator der Entwicklung

Ein anderer Aspekt, der mir bei der geschwächten Patientin immer wieder auffällt, ist, wie die Auseinandersetzung mit ihrer körperlichen Symptomatik *die* zentrale Lebensaufgabe darstellt. Diese Bedeutung des Körpers kommt auch in dem entwicklungspsychologischen Konzept zum Ausdruck, das Heuft (1994) entwickelt hat: Der somatische Alterungsprozess stellt den Organisator für die Entwicklung in der zweiten Hälfte des Erwachsenenlebens dar. In dem nun folgenden Beispiel möchte ich einige Aspekte hiervon kurz andeuten:

Die 87 Jahre alte, ledige Frau E., ehemalige Krankenschwester, lebte bis vor zwei Jahren alleine in einer Wohnung im ersten Stock. Nach einem Sturz mit Oberschenkelfraktur konnte sie nicht mehr ausreichend gehen und realisierte: »*Ich muss ins Heim.*« *Zunächst konnte sie durch krankengymnastische Übungen wieder erreichen, mit Rollator eine halbe Flurlänge zu gehen. Nach einem kleinen Schlaganfall bildete sich die Motorik jedoch nicht wieder ausreichend aus. Nun ist sie an den Rollstuhl gebunden, kann aber noch mit Hilfe aufstehen. Diese Symptome und die damit einhergehenden funktionellen Defizite sind dem Körper zuzuordnen. Die von der zuvor sehr aktiven Patientin erlebte Resignation und die Bedrücktheit ist im Sinne von Heufts Entwicklungskonzept als Reaktion auf der Leibebene (dem narzisstischen Aspekt) zu verstehen. Mit wachem Geist und selbstironischen Bemerkungen reflektiert Frau E. ihre zunehmenden Einschränkungen, gibt aber gleichzeitig die Hoffnung auf eine Besserung nie ganz auf.*

Frau E. und ich erleben guten Kontakt und sind uns gegenseitig sehr sympathisch. Es ist interessant, mit ihr zu reden, und sie freut sich über meine Besuche im Heim alle zwei Wochen. Mir fällt aber auch auf, dass sie jedes Mal neue körperliche Beschwerden erwähnt, was dazu führt, dass ich sie jedes Mal wieder untersuche. Ich erlebe dies so, als wenn sie sich nicht ganz sicher wäre, ob ich auch wirklich immer wieder zu ihr komme. Hier klingen meiner Wahrnehmung nach Objektbeziehungswünsche in der Beschwerdeschilderung an, die mich in eine elterlich fürsorgliche Rolle versetzen. Ich vermute, dass die Befindlichkeitsstörungen vieler alter Patienten unbewusst oft an kindliche Objektbeziehungserfahrungen anknüpfen.

Pflege über Jahre

Bei meinen Hausbesuchen begegnen mir Menschen, die über Jahre gepflegt werden müssen:

Frau D., 81 Jahre alt, leidet seit sechs Jahren unter einer Alzheimer-Demenz. Seit vier Jahren ist sie aufgrund der körperlichen Folgen der Demenz voll pflegebedürftig. Sie wird von ihrem Mann, mit dem sie seit 60 Jahren verheiratet ist und der auch ihr rechtlicher Betreuer ist, liebevoll zu Hause mit täglicher Unterstützung durch einen Pflegedienst gepflegt. Seit einem Jahr ist sie nur noch bettlägerig. Sprechen ist ihr nicht mehr möglich. Wegen einer Schluckstörung wurde schon vor Jahren eine percutane Magensonde (PEG) gelegt. Unter Sondenkost ist sie normalgewichtig, ihre Haut ist in einem guten Pflegezustand und sie hat sogar noch ihre natürlichen Zähne. Einmal wöchentlich wird sie von einem Krankengymnasten passiv durchbewegt, um Kontrakturen zu verhindern. Abgesehen von einer Lungenentzündung vor einem Jahr ist ihr körperlicher Zustand auf reduziertem Niveau stabil. Die mentale Situation ist jedoch sehr reduziert, sie erkennt keine Personen, nicht einmal mehr ihren Mann. Beeindruckend ist, wie dieser ihr dennoch zugewandt ist, sie mit dem Vornamen anspricht und ihr beispielsweise über die Wange streichelt. Bei meinen regelmäßigen Hausarztbesuchen einmal im Monat geht es vor allem um kleinere körperliche Symptome wie Verschleimung oder Blähungen. Es beruhigt den Ehemann zu wissen, dass ich verfügbar bin und auch regelmäßig komme.

Auch ein anderer Aspekt könnte für den Ehemann wichtig sein: In der Beziehung zu seiner Frau fehlt der sprachliche Austausch, und durch die aufwendige Pflege gibt es auch nur wenige Außenkontakte; das Sprechen mit einem Dritten, dem Hausarzt, ermöglicht dem pflegenden Ehemann die notwendige Distanzierung aus der einseitig nahen Beziehung.

Herr G., 80 Jahre alt, ist seit sechs Jahren an Demenz erkrankt und wird zu Hause von seiner Tochter gepflegt. Schon als ich ihn vor drei Jahren kennenlernte, war er nur noch bettlägerig und seine Haltung im Liegen war durch massive Beugekontrakturen der Arme und Beine geprägt. Während seine Arme und Beine angewinkelt sind, ist der Rumpf steif wie ein Brett. Durch die Kontrakturen kam es trotz der besonderen Matratze zu Dekubiti an Ellenbogen, Fußsohle und Steiß. Die offenen Stellen konnten mittels spezieller Folienverbände weitgehend zur Abheilung gebracht werden. Es besteht bei ihm eine Stuhl- und Harninkontinenz, die Versorgung mit einem Dauerkatheter ist notwendig. Erstaunlicherweise kann Herr G. noch kauen und schlucken, sodass er durch das Essen pürierter Kost sein Gewicht hält. Sprache und selbst Lautäußerungen gibt es nicht mehr, nur über seinen sorgenvoll hilflos wirkenden Blick scheint er etwas Kontakt aufzunehmen.

Auf Nachfrage schildert die Tochter, dass er früher jähzornig und streng gewesen sei. Seine Tochter, die im gleichen Haus mit ihrer Familie lebt, versorgt ihn seit Jahren ohne Pflegedienst nur unterbrochen von Unterbringungen in einer Kurzzeitpflege für maximal vier Wochen jährlich. Ein Hausbesuch wird von der Tochter angefordert, wenn es körperliche Probleme wie beispielsweise eine Verstopfung über 14 Tage gibt oder er stark verschleimt ist. Mein Eindruck ist, dass ich vor allem angefordert werde, damit ihr keiner und sie sich auch selbst nicht Vorwürfe machen kann, etwas versäumt zu haben. Die Pflege durch die Tochter ist routiniert und rasch. Wenn ich Herrn G. beim Hausbesuch untersuchen möchte, z. B. um die Lunge abzuhorchen, wird er von ihr sehr effektiv auf die Seite gelegt. Durch seine Steifheit wirkt es, als würde ein Brett umgedreht. Hinweise für eine Vernachlässigung im engeren Sinne oder gar von Gewalt habe ich nie feststellen können. Aber eine emotionale Zuwendung, wie von Herrn D. zu seiner Frau, habe ich hier nicht feststellen können. Es geschieht routinierte Pflege, die fachlich ordentlich ist. Aber den Gepflegten als Subjekt noch wahrzunehmen, das ist hier verloren gegangen.

Ähnliches erlebe und beobachte ich öfters in Pflegeheimen, wo professionelle Pflegekräfte gerade mit dementen Menschen nüchtern wie mit einem Objekt umgehen. Ist dieser sachlich-objektale Umgang in den langen Jahren der Pflege begründet, in denen Nächstenliebe und Fürsorge an ihre Grenzen kommen und die Gefahr von Burnout besteht? Wird dies in Heimen durch Kostendruck und Personalknappheit verstärkt? In der familiären Pflege kommen noch biografische und familiendynamische Gründe hinzu. Oder führt die absolute Bewegungslosigkeit, durch die auch keine mimische Reaktion mehr möglich ist, in diesem Einzelfall dazu, dass eine emotionale Kommunikation fehlt?

Neben der Überlastung durch die Pflege sind sicher auch das jeweilige

Menschenbild und die gesellschaftliche Grundhaltung zu solch schwerkranken alten Menschen von Bedeutung. Legt man ein Konzept des Menschen von Körper und Geist (in unserer Gesellschaft mit der Betonung der Leistungsfähigkeit) zugrunde, so ist die Frage: Was geschieht, wenn der Geist im Rahmen einer Demenzerkrankung zunehmend nachlässt und die mentalen Fähigkeiten schließlich ganz erloschen sind? Bei der Bedeutung, die unsere Gesellschaft dem Intellekt und der Leistung gibt, ist es naheliegend, dass dies Auswirkungen auf die Vorstellung vom Wert eines Menschen hat: Mit nachlassenden geistigen Fähigkeiten würde auch der Wert und damit die Würde eines Menschen sinken. Damit ist implizit verbunden, dass der Körper mehr als Objekt wahrgenommen und behandelt wird, ein Objekt, das man füttert, reinigt, wendet, aber zu dem keine wirkliche Beziehung mehr möglich ist.

Ist das Menschenbild hingegen von einer Vorstellung geprägt, dass die subjektive Wahrnehmung und das Empfinden im Sinne einer Seele einen Menschen bewegen und – jenseits von intellektueller Fähigkeit – ausmachen, so hat dies zur Folge, dass auch Menschen mit starken Einschränkungen dann noch als Subjekt wahrgenommen werden (wie im Beispiel von Frau D.). Der Umgang mit dem Körper des Gepflegten oder Behandelten wird dann so gestaltet, dass dieser nicht als Objekt, sondern als Leib, der einem Menschen zugehört, wahrgenommen wird.

Die Betreuung Schwerst-Pflegebedürftiger, die über Jahre leben, führt bei den beteiligten Angehörigen, Pflegekräften und Ärzten zu inneren Auseinandersetzungen, die oft in der Einschätzung münden, ein so desolater Zustand sei für den Patienten nicht mehr erträglich. In den Worten des Palliativmediziners Husebo (2000, 89) ist jedoch zu hinterfragen, »für *wen* etwas unerträglich ist …. Wenn die Angehörigen, das Pflegepersonal oder der Arzt sagt: ›Es ist für den Patienten unerträglich oder unwürdig‹, beschreiben sie, dass es für *sie* unerträglich oder unwürdig ist. Wie es für den Patienten ist, kann nur er oder sie selbst entscheiden.«

In der Altersmedizin besteht das Problem, dass solch pflegebedürftige Menschen sich oft nicht mehr selbst äußern können. In diesem Sinne ist eine Patientenverfügung, die die Wertvorstellungen des Menschen beschreibt, für Entscheidungen über Therapien durchaus sinnvoll. Eine schwierige Entscheidung stellt beispielsweise die Frage dar, ob bei Schluckstörungen eine PEG, eine dauerhaft durch die Bauchhaut gelegte Magensonde eingebracht werden soll oder nicht. Eine solche Sonde einfach *nicht* zu legen, wäre ethisch und rechtlich verwerflich, wenn ein betroffener Mensch keine ablehnende Entscheidung verfügt hat, sich nicht in der Sterbephase befindet und mittel- bis längerfristig nicht genügend Nahrung und Flüssigkeit zu sich nehmen kann. Die Einstellung hierzu ist bei vielen Menschen jedoch eher ablehnend. Einige der vitalen Patientinnen und Patienten im Alter zwischen 70 und 80 kommen in meine Praxis, um mit mir ihre Patientenverfügung für sich selbst zu besprechen. Von ihnen wird vor allem das Legen einer Magensonde ausdrücklich abgelehnt. Der Eindruck von Verwandten oder Freunden, die nach einem Schlaganfall oder bei einer Demenz, durch eine Sonde kalorisch gut versorgt, noch Jahre lebten, ohne sichtbar auf Ansprache und Zuwendung zu reagieren, scheint für viele ein Schreckensszenario zu sein, das sie für sich verhindern möchten. Kritisch ist auch anzumerken, dass von manchen Pflegeeinrichtungen allzu früh auf die Anlage einer PEG-Sonde (in den Magen) gedrängt wird. Es scheint leichter und zeitsparender, eine Flasche Sondenkost anzuhängen, als einen Patienten mit Schluckstörung zu füttern. Die Zeit, die einem Pflegebedürftigen zugewendet wird, ist nach der Versorgung mit einer Sonde möglicherweise geringer als bei Pflege ohne eine Sonde, wobei das Füttern eben auch eine Form der Begegnung darstellen kann.

Entsprechend der Erkenntnis Martin Bubers »Alles wirkliche Leben ist Begegnung« (Buber, 2002) kann eine solche Begegnung auch eine Verlebendigung bewirken, selbst wenn die Vitalität z. B. im Rahmen einer Demenz reduziert erscheint. Berührung ist bei dementen Menschen eine wichtige verbleibende Form der Kommunikation. Kojer (2008) beschreibt: »Kommunikation und Beziehung müssen dann primär über die Hände der Begleiter angeboten werden«. Sie schildert allerdings auch, dass die Körperwahrnehmung sich bei der Demenz verändert und sich von der Peripherie auf Rumpf und Kopf zurückzieht (ebd., 163), was von praktischer Relevanz ist, wenn es um Kontaktaufnahme durch Berührung geht.

Berührung und Isolation

Herrn S. lernte ich kennen, als er 74-jährig aus der Gerontopsychiatrie in das Pflegeheim verlegt wurde. Mit fortgeschrittener Demenz, einem Korsakow-Syndrom nach Alkoholkrankheit, war er von Anfang an schwer zu pflegen, eine sprachliche Kommunikation war nicht möglich. Das Greifen nach den Schwestern, das vermutlich einer unbestimmten Sehnsucht nach Beziehung entsprang, wurde von diesen als sehr unangenehm und übergriffig erlebt. Herr S. hatte keinerlei Verwandte und ein Berufsbetreuer kümmerte sich um die rechtlichen und finanziellen Dinge. Sein Zimmer war karg und funktional ohne eigene Möbelstücke eingerichtet.

Bei der Behandlung einer Lungenentzündung im Krankenhaus wurde eine Infektion mit dem multiresistenten Staphylokokkus aureus (MRSA) festgestellt, also mit einem Keim, der gegen viele Antibiotika nicht mehr empfindlich ist, und daher ein Problem für Krankenhäuser, speziell im chirurgischen Bereich, darstellt. Um die Weiterverbreitung dieses Problem-

keims zu verhindern, ist die Isolierung der Kranken in Krankenhäusern und vielen Altenheimen in Einzelzimmern vorgeschrieben, Pflegekräfte, Ärzte und Angehörige tragen beim Kontakt mit den betroffenen Patienten Kittel, Handschuhe und Mundschutz. Zum Zeitpunkt dieser Diagnose befand Herr S. sich nicht in der Sterbephase, er lebte noch mehrere Monate. Rückblickend merke ich, wie meine Visiten kürzer wurden und mit weniger Berührung verliefen. Im Rückblick spüre ich eine Leere und ein unbequemes Gefühl, meinem Berufsideal nicht gerecht geworden zu sein. Ich vermute, dass es dem Pflegepersonal, das Herrn D. weiter adäquat versorgte, ähnlich gegangen sein muss: Neben der konkreten Isolierung kam es zu einer emotionalen Distanzierung und zu einer gewissen Stigmatisierung. Nach einigen Monaten dieser durch notwendige Hygiene bedingten Vereinzelung verstarb Herr S. an einer erneuten Lungenentzündung.

In diesem Fall wird schmerzlich die Spannung zwischen einer sicherlich notwendigen Hygienepraxis und der psychosomatischen Wahrnehmung von Beziehungsbedürftigkeit sichtbar, wobei es keine einfache Lösung gibt.

Ausblick

Wie können wir längerfristig hilfreich professionell tätig sein? Wie berührt uns selbst das Erleben des Alters und des körperlichen Abbaus? Die im Pflegekontext beschriebene Zeitknappheit existiert in allen Gesundheitsberufen und erschwert ein empathisch auf leibliches Erleben ausgerichtetes Begleiten. Auch im hausärztlichen Bereich ist dies ernüchternd zu merken. Immer mehr alte Patienten mit komplexen Krankheitsbildern wollen versorgt sein bei zurückgehenden Zahlen von Ärzten im Bereich der Primärversorgung. In ländlichen Regionen besonders in Ostdeutschland werden Arztpraxen oft nicht wieder besetzt. Bei einem solchen Ärztemangel bleibt häufig nur Zeit für das Nötigste und nicht für die angestrebte optimale geriatrische oder gar gerontopsychosomatische Versorgung.

Aber besteht das Problem nur im Zeitdruck – oder kommt hinzu, dass das Alter, der körperliche Abbau, die Konfrontation mit dem existenziell Unausweichlichen auch für Behandlerinnen und Behandler schwer zu ertragen sind? Das objektivierende Vorgehen, mehr den Körper und weniger den Leib und die Seele zu betrachten, ist eine Möglichkeit, um sich vom Bedrohlichen zu distanzieren. Wird dies zum durchgehenden Muster – auch wenn es zur Verhinderung der Entwicklung eines eigenen Burnout-Syndroms dient – so wird es mit einem Verlust der Würde bei den so behandelten Menschen erkauft.

Die distanzierte und objektivierende Wahrnehmung ist jedoch nicht nur als Abwehr zu problematisieren. Sie hat natürlich bei der Diagnostik des Körpers und bei Fragen der somatischen Therapie große Vorteile und Bedeutung. Darüber hinaus geht es jedoch auch darum, das subjektive Erleben wahrzunehmen und zu begleiten. Schwäche, Schmerz, Müdigkeit, Angst und das Erleben von Einsamkeit und Trauer sollten als leibliches Befinden wahrgenommen und in der Beziehung ernstgenommen werden.

In der Versorgung älterer und alter Menschen arbeiten viele ausgesprochen engagierte Berufstätige. Dies wirft die Frage auf, wie ein beruflicher Weg aussehen kann zwischen verausgabendem Idealismus mit Burnout-Gefahr einerseits und übertriebener Objektivierung mit Würdeverlust andererseits. In Anlehnung an den Begriff einer nicht perfekten, sondern »hinreichend fürsorglichen Mutter« (Winnicott 1990, Teising 2000) kann eine eingeschränkte Zielsetzung sowohl für Pflegekräfte als auch für Ärzte entlastend und tragfähig sein. Ferner helfen Supervision und Selbstreflektion dabei, beide Aspekte zu berücksichtigen, insbesondere bei Offenheit für die Frage, welche persönlichen Aspekte vielleicht zur Arbeit im Altenbereich geführt haben. Es ist wichtig, immer wieder die eigene Haltung zu klären, sich mit dem eigenen Menschenbild zu befassen und es im Dialog mit sich selbst und mit anderen immer wieder neu zu befragen.

Zu erleben, wie man in der Begleitung von Menschen mit leiblichem und seelischem Leiden an existenziellen Fragen teil-nimmt, kann neben der Belastung auch zutiefst erfüllend sein. Wenn das Menschenbild nicht nur vom objektivierbaren Körper und vom intellektuellen Geist ausgeht, sondern wenn versucht wird, Leib und Seele bei sich selbst und im anderen Menschen zu *erleben*, so eröffnet dies neue Dimensionen der Begegnung. Das aktive Wechseln zwischen objektivierender Untersuchung und Therapie einerseits und empathischer Begleitung andererseits, zwischen Wahrnehmung des Körpers und des Leibes, stellt eine faszinierende Arbeit dar.

Literatur

Böhmer F (2000) Multimorbidität. In: Füsgen I (2000) Der ältere Patient. München, Jena (Urban und Fischer).

Bundesministerium für Familie, Senioren, Frauen und Jugend (2002) Altenbericht: Risiken, Lebensqualität und Versorgung Hochaltriger. www.bmfsfj.de.

Buber M (2002) Das dialogische Prinzip. Gütersloh (Lambert Schneider/Gütersloher Verlagshaus).

Duden Etymologie (1989) Mannheim, Wien (Dudenverlag).

Füsgen I (2000) Somatische Veränderungen im Altern. In: Füsgen I (Hg) Der ältere Patient. München, Jena (Urban und Fischer).

Heuft G (1994) Persönlichkeitsentwicklung im Alter – ein psychologisches Entwicklungsparadigma. Z Gerontol 27: 116–121.

Husebo S (2000) Aktive Sterbehilfe. In: Husebo S, Klaschik E.(Hg) Palliativmedizin. Berlin, Heidelberg (Springer).

Kojer M (2008) Demenzkranke alte Menschen und der Tod. Psychotherapie im Alter 5(2): 159–167.

Pientka L (2000) Das geriatrische Assessment. In: Füsgen I (Hg) Der ältere Patient. München, Jena (Urban u. Fischer) 46–59.

Schilling J (2000) Anthropologie für soziale Berufe: Menschenbilder in der sozialen Arbeit. Neuwied (Luchterhand).

Statistisches Bundesamt (2008) Pflegestatistik 2007 – Pflege im Rahmen der Pflegeversicherung. www.destatis.de.

Teising M (2000) Die Angst vor dem Pflegefall. Wien (Facultas).

Winnicott D W (1990) Babys und ihre Mütter. Stuttgart (Klett-Cotta).

Korrespondenzadresse:
Dr. med. Klaus Windel
Ohlbrocks Weg 90
33330 Gütersloh
E-Mail: *Dr. K. Windel@web.de*

Günter Gödde

Traditionslinien des »Unbewußten«

Michael B. Buchholz, Günter Gödde (Hg.)

Das Unbewusste Bd. 1–3

2009 · 688 Seiten · Broschur
ISBN 978-3-89806-826-0

2006 · zus. 2347 Seiten · Gebunden
ISBN 978-3-89806-472-9

»Was Günter Göddes Buch leistet, ist genau jene Integration von Vorgeschichte und Geschichte der Psychoanalyse, von innerer und äußerer Betrachtung, die es braucht, um jede voreilige Reduktion der psychoanalytischen Theorie zu vermeiden. Die Theorie des Unbewussten erweist sich weit weniger als der monolithische Block, für den sie angesehen wird. […] Insgesamt gelingt Gödde so etwas wie eine Triangulation Schopenhauer-Nietzsche-Freud […].«

Hans-Dieter Gondek in der Süddeutschen Zeitung

»Das Unbewusste« ist keine Erfindung Freuds, sondern wurde von ihm im 19. Jahrhundert aus anderen Feldern in die Medizin und Psychologie »umgebucht«. Durch Freud wurde es zum Zentralbegriff der Psychoanalyse und Tiefenpsychologie. Dennoch blieb die Frage, wie und ob es überhaupt »gedacht« werden kann, Gegenstand heftiger Kontroversen – auch wieder zunehmend in anderen Disziplinen.

Die in den drei Bänden von Michael B. Buchholz und Günter Gödde einzigartig weitreichend zusammengetragenen Erinnerungen und Vergegenwärtigungen auch aus der Zeit vor Freud werden helfen, es angemessen für unsere Zeit zu denken.

Walltorstr. 10 · 35390 Gießen · Tel. 06 41 - 96 99 78-18 · Fax 06 41 - 96 99 78-19
bestellung@psychosozial-verlag.de · www.psychosozial-verlag.de

Körperverhältnisse

Die Beziehung zum Körper im Alter im Horizont der persönlichen Geschichte

Anke Abraham (Marburg)

Zusammenfassung

Mit Rückgriff auf anthropologische und leibphänomenologische Theorien, die die existenzielle Bedeutung des Körpers für den Aufbau von Identität markieren, wird dafür plädiert, den Körper (wieder) stärker in die psychologische und psychoanalytische Theorie und Praxis hineinzuholen. Anhand biografischer Fallbeschreibungen wird auf die vielgestaltigen Prozesse und Wechselwirkungen zwischen Körper und Person aufmerksam gemacht und Körperumgang und Körpererleben im Alter als Folge des gelebten Lebens skizziert.

Stichworte: Körpererfahrung, Körperumgang, Biografie, Alter, Identität

Abstract: The relationship to one's aging body in respect to personal biography

Anthropological and phenomenological theories show the significant role of the body in developing an identity. Due to this it is necessary to revisit the body with respect to the theoretical and practical discussion of psychology and psychoanalysis. A reconstruction of biographies shows the diversity of relations between body and person and how age influences the use and the emotional use of one's aging body.

Key words: body experience, body handling, biography, age, identity

Einleitung

In meinem Beitrag gehe ich von zwei zentralen Grundannahmen aus:
1. dass der Körper das zentrale *Fundament* unseres Seins und damit auch unserer Identität und unseres Selbst darstellt – und zwar lebenslang, und
2. dass wir stets in einem *Doppelverhältnis* zu unserer Körperlichkeit stehen,

indem wir nämlich in einer reflexiv nur schwer einholbaren und größtenteils implizit oder unbewusst bleibenden Weise ebenso Körper »sind« wie wir im bewussten Zugriff auch einen Körper »haben« können, müssen oder sollen (vgl. bes. Plessner 1975).

Aus diesen Annahmen folgt, dass dem Körper im Rahmen unseres gelebten, erlebten, reflektierten und erzählten Lebens eine tragende und in vielfacher Hinsicht gestaltende Rolle zukommt – eine Rolle, die bisher in erstaunlich geringem Maße im »Mainstream« der psychologischen, soziologischen, pädagogischen und therapeutischen Wissenschaften Beachtung gefunden hat (auch wenn in den Kultur- und Sozialwissenschaften seit den 1980er Jahren von einer »Wiederkehr des Körpers« (z.B. Kamper u. Wulf 1982) die Rede ist, steht eine *systematische* Berücksichtigung des Körpers in den oben genannten Disziplinen noch aus).

So kommen beispielsweise *kognitionspsychologisch* orientierte Persönlichkeits- und Selbsttheorien immer noch ohne den Körper aus und reduzieren Identitätsbildungsprozesse auf Akte des Bewusstseins, des Denkens, der Reflexion; und auch die *Entwicklungspsychologie* vernachlässigt in sträflicher Weise den erlebten und biografisch bedeutsamen Körper – in keinem der mir bekannten einschlägigen Lehr- und Handbücher wird der Bedeutung des Körpers im Lebenslauf systematisch Beachtung geschenkt, und wenn, dann lediglich in isoliert dastehenden, naturwissenschaftlich orientierten (und meist langweiligen) Kapiteln zur Wahrnehmung, zur Motorik, zur Genetik (im Sinne der biologischen Anlage des Menschen), zum pubertären Wachstum oder zum Funktionsverlust im Alter. *Eine systematische Integration des Körpers in Fragen der lebenslangen persönlichen, aktiv gestalteten oder passiv erlittenen, lebendigen Entwicklung fehlt.* So wissen wir z.B. sehr wenig darüber, wie der Körper im Alltag erlebt wird, welche Haltungen zum eigenen Körper eingenommen werden, wie er biografisch durch Widerfahrnisse und Erlebnisse aufgeladen wird und wie sich diese Einstellungen, Haltungen, Erinnerungen und Wahrnehmungen – die oft ja nur als Spuren oder Fetzen zugänglich sind –, kulturell, historisch, generational und geschlechtsspezifisch unterscheiden und verändern.

Diese theoretische Leerstelle den Körper betreffend verwundert umso mehr, wenn man sich vergegenwärtigt, dass konstruktivistische Selbst- und Identitätstheorien nach wie vor die Frage unbeantwortet lassen müssen, was denn den stabilisierenden Kern der Identität ausmacht (vgl. Greve 2007). Im Alltag haben wir den Eindruck, dass immer »wir« es sind, die handeln, oder dass »ich« es bin, der da handelt, obwohl wir an unserer Geschichte und damit auch an unserer Identität und Person ständig neu schreiben. Wir sind zu diesen Neuschreibungen gezwungen, weil wir lebenslang zu Anpassungsleistungen und damit auch zu Veränderungen unseres Selbstkonzepts, unseres Verhaltens und unseres Handelns herausgefordert werden. Auch der Körper selbst kann zu einer solchen Herausforderung werden – etwa wenn er streikt, sich merkwürdig gebärdet, nicht mehr so tut, wie er soll, oder uns durch sein Erscheinungsbild ärgert oder gar belastet.

Eine konstruktivistische Lösung der offenen Frage nach dem unwandelbar erscheinenden und stabilisierenden Kern der Person liegt dann in der Behauptung, dass die personale Stabilität in Eigenschaften und Verhaltensweisen besteht, die als das »Kernhafte« des Ich von außen wahrgenommen und von innen verteidigt und dadurch erhalten werden, dass es uns gelingt, uns in dynamischer Weise an wechselnde Umgebungsbedingungen und Herausforderungen anzupassen (Brandtstädter 2007). In dieses *rationalistische Denken* im Sinne der Entwicklung von Strategien des Handelns, der Reflexion des Verhaltens, der kognitiven Konstruktion eines Selbstbildes etc. kann der Körper als »Objekt« meiner Verfügung (im Sinne des Körperhabens) nahtlos eingegliedert werden: Ich kann meinen Körper als Werkzeug benutzen, ich kann meinen Körper gestalten, ich kann ihm Dinge gönnen, zumuten, vorenthalten. Die Art und Weise, wie und mit welchen Intentionen ich das tue, ist Teil meiner Identitätsherstellung. Diese Umgangsweisen mit dem Körper dienen mir bei der Befriedigung meiner Bedürfnisse, beim Verfolgen meiner übergeordneten Ziele und bei meiner Darstellung und Wirkung nach außen. Ändern sich die Umgebungsbedingungen – etwa durch neu auftauchende Lebensprobleme, durch wegfallende Ressourcen oder durch neue Einsichten – so wird sich dies auch auf mein körperbezogenes Handeln auswirken. Auch hier werde ich neue Strategien entwickeln müssen, um mir selber treu bleiben zu können.

In dieser Konzeption des Denkens wird in meinen Augen jedoch Wesentliches übersehen – nämlich die *vorreflexive* Ebene des Körperseins, die das Fundament jeglicher geistiger Tätigkeit ist (vgl. aus neuropsychologischer Sicht Damasio 1997, aus leibphänomenologischer Sicht Waldenfels 2000) – und mithin auch das Fundament für geistige Konstrukte wie das »Selbst«, die »Identität« oder das Ich darstellt. Sofern in diese Überlegungen nicht systematisch auch eben diese vorreflexive leibliche Ebene einbezogen und die Identitätsentwicklung von dieser Leiblichkeit her gedacht wird, halte ich diese für falsche oder falsch gefüllte Konstrukte.

Ich erlebe es von daher auch nicht als einen essenzialistischen Rückfall, wenn ich behaupte, dass der Körper in seiner materialen morphologischen Beschaffenheit, in seinen organischen Funktionen und in seinen sinnlichen Vermögen als Kern unserer Identität angesehen werden kann. Der Körper ist der Boden, auf dem wir stehen, das Haus, das wir bewohnen, und das Tor, das uns den Weg in die Welt öffnet, das uns mit der Welt in Kontakt treten, uns an ihr sinnlich teilhaben, uns in ihr bewegen, handeln und gestalten lässt. Wir sind unser Körper auch dann, wenn wir ihn uns nicht wahrnehmend oder gedanklich vergegenwärtigen. Und bereits in dieser vorreflexiven Form verleiht er uns unsere Gestalt und stellt uns die Möglichkeiten unserer Welterkundung und damit auch des Aufbaus unseres Selbst bereit.

Wir können uns aber auch unseres Körpers vergewissern und er kann so auch *bewusst* zum Zentrum und Ausgangspunkt unseres Seins werden. Ich kann meinen Arm, mein Bein, meinen Atem, meine Haut, meine Muskeln und Knochen, meine Innenräume, meine äußere Erscheinung als mir zugehörig erleben – als etwas, das mich als lebendes Wesen nicht nur ausmacht, sondern das mich konstituiert, das mir gegeben ist und das mich mir gibt. So veränderbar, unberechenbar und unzuverlässig dieses Körpersein (und seine Wahrnehmung) auch mitunter sein mag, der Körper ist doch etwas, von dem ich ausgehe und auf das ich immer wieder zurückgreifen kann oder auch zurückgeworfen werde – etwa in der Krankheit, im Tod oder im kreatürlichen Akt des Gebärens.

Nicht umsonst wird von Menschen, die sich oder den Sinn ihres Lebens verloren haben, intensiv nach Möglichkeiten gesucht, *sich* körperlich wieder zu spüren oder wenigstens *etwas* zu spüren, das eine körperliche Resonanz in ihnen auslöst und das sie wieder zurück ins Leben holt (etwa in den autoaggressiven Akten des Ritzens, im Extremsport oder im Rausch). Körperliche Stimulationen und Sensationen werden kulturell immer dann besonders intensiv aufgesucht, wenn Systeme zu erstarren drohen, die Rationalisierung überhand nimmt und Menschen sich entmündigt, entfremdet und von ihren vitalen Bedürfnissen abgeschnitten erleben. Exemplarisch ist dies an den avantgardistischen und Reform-Bewegungen zu Beginn des 20. Jahrhunderts zu sehen, aktuell an einem wahren Körperboom, in dem der riskierte, gestylte, gequälte, veredelte, genießende und genossene Körper in vielfältigster Weise zu einer Instanz wird, verlorenen Sinn wiederzugewinnen oder herzustellen.

Die Verknüpfung von Körperlichkeit, positiv konnotiertem körperlichem Erleben und Sinn funktioniert zum einen deshalb so gut, weil der Körper als zentraler »Aufhänger« und zentrales »Aushängeschild« der Identität erlebt wird und so bearbeitet werden kann, dass dies zur Stärkung des Selbstwertgefühls führt und sich als Identitätsgewinn verbuchen lässt; diese Perspektive wird von der kognitiven Psychologie und rationalistisch-konstruktivistischen Soziologie bedient; zum anderen aber auch deshalb – und dies wird im Mainstream *dieser* Wissenschaften übersehen –, weil der Körper als erlebender Leib und als Fühlorgan auf das Engste mit unseren affektiven und emotionalen Systemen verbunden ist und weil sich erst im Merken oder Fühlen auch ein Gefühl vom Sein und, darauf aufbauend, vom »Ich« entfalten kann.

So können sich elementare Formen von Sinn oder Sinnhaftigkeit bereits im pränatalen Stadium auf der Ebene des Merkens und Fühlens bilden. Auch wenn Merken und Fühlen zunächst vielleicht nur der »Spur angenehm/unangenehm« folgen, sind dies bereits Anhaltspunkte für Struktur, die Orientierung bieten, Halt ermöglichen und Verhalten regulieren helfen. Die durch das Fühlen erzeugten Sinnspuren sind lebenslang von existenzieller Bedeutung – gerade dann, wenn alles fühllos wird und man »sich« nicht mehr spürt. Identitätsentwicklung und der Aufbau des Selbst geschehen aus dieser Sicht eben gerade nicht erst mit der Fähigkeit des Denkens und Sprechens, also dort, wo traditionelle Persönlichkeitstheorien ansetzen, sondern von Anfang an über die leiblich-affektive Begegnung und Berührung mit dem Anderen, Fremden, Widerständigen (Waldenfels 2000).

Die Entwicklung des Körpers im Laufe des Lebens ist von der Soziologie und der Psychologie bisher nicht systematisch in den Blick genommen worden. Er galt beiden Disziplinen als selbstverständliches, aber nicht weiter aufklärungsbedürftiges oder auch nicht aufklärungsfähiges »Grundrauschen« bei der Lebensgestaltung und bei der Entwicklung der Persönlichkeit. Als Soziologin mit einem starken Interesse an entwicklungstheoretischen und (körper-)therapeutischen Fragen thematisiere ich den Körper hier aus folgenden Blickwinkeln:

1. Ganz im Sinne der eben angedeuteten Leerstellen und deren Füllung gehe ich davon aus, dass der Körper nicht nur Objekt und zu bewältigende oder zu beherrschende Umwelt unseres Handelns ist, sondern dass der Körper als Organismus eine eigene Dynamik besitzt und von daher auch in der Lage ist, unser Leben zu führen. Dem herrschenden Modus, in dem der Körper zu einem zu gestaltenden Gegenstand wird, ist hier also bewusst die Idee gegenübergestellt, dass der Körper in seinen vitalen Impulsen zum Motor oder auch Herrscher über unsere Entwicklung werden kann. In der Analyse biografischer Erzählungen soll der Frage nachgegangen werden, wie der Gestus des Machens und der Gestus des Erleidens in den jeweiligen Lebensgeschichten zum Tragen kommen und wie dies mit der Konstitution von Identität in Verbindung steht.

2. Im engeren Sinne interessiert mich die Frage, wie der Körper überhaupt in biografischen Erzählungen thematisch wird, und zwar sowohl im Sinne des expliziten Ansprechens durch den/die Biografen/in selbst als auch im Sinne der nicht thematisierten Bedeutung des Körpers für den Entwicklungsverlauf, die nachträglich (ex post) theoriegeleitet und rekonstruktiv erschlossen werden kann. Dabei ist zu beachten, dass das Sprechen über den eigenen Körper und über Körperliches eine kulturell wenig geübte Praxisform darstellt und dass aufgrund der kulturell tief verankerten Tabuisierung des Körpers sowie seiner begrenzten sprachlichen Einholbarkeit mit

Thematisierungsbarrieren, Sprachblockaden und einer geringen Eloquenz zu rechnen ist.

Dass sich ältere Menschen im Rahmen einer umfangreichen *qualitativen biografisch-narrativen Untersuchung* (Abraham 2002) dennoch auf das Ansinnen eingelassen haben, die eigene Lebensgeschichte zu erzählen und darin eingebettet ihre Erinnerungen an und Erfahrungen mit dem eigenen Körper zu thematisieren, zeigt, dass die Frage so ungebührlich vielleicht doch nicht ist.

3. Schließlich bin ich an der Frage interessiert, wie Menschen im Alter das Verhältnis zu ihrem Körper und zur Bewegung gestalten – wozu sie von ihrem Körper herausgefordert werden und wie sie diese Herausforderungen aufgreifen und beantworten. *Dabei zeigt sich, dass der Umgang mit der Körperlichkeit und der Bewegung im Alter in entscheidendem Maße davon abhängt, wie der Körper im Laufe des Lebens erlebt und welche Haltungen und Umgangsweisen kultiviert werden konnten* (dazu auch Abraham 2001).

Im Rahmen dieses Beitrags sollen die Zusammenhänge zwischen Lebenskonstellationen, Identitätsbildungsprozessen und Gestaltungen des Körperumgangs im Alter nur exemplarisch dargestellt werden. Dazu werden in stark verdichteter Form zwei Fallvignetten präsentiert, die jeweils für einen bestimmten Typus des Körperumgangs und des Körpererlebens stehen.

1. Fallvignette: Herr D. (Jahrgang 1923): Der Körper als Träger von Symptomen

Im Gespräch mit Herrn D. stellt sich heraus, dass er sich stark mit seinem Vater identifiziert, der in der Stadt ein angesehener, gebildeter und ehrgeiziger Jurist war. Als Primus am Gymnasium und als sehr junger Medizinstudent (er beginnt das Studium bereits mit 17 Jahren) werden an Herrn D. früh hohe Leistungsforderungen gestellt, denen er stets und – wie er selbstkritisch bemerkt – meist »im Übermaß« nachkommt. So achtet der Vater darauf, dass die Söhne auch sportlich zu den Besten gehören, und trainiert mit ihnen abseits der nationalsozialistischen Massenaufmärsche im abgeschiedenen elterlichen Garten. Auch später als Arzt in eigener Praxis verlangt Herr D. sich täglich ein überlanges Arbeitspensum und ein Höchstmaß an Konzentration ab. Der Hang zur Übertreibung zeigt sich auch im Bereich der Freizeit: Hier trainiert er sein Herz mit anstrengenden Bergfahrten auf dem Fahrrad, sauniert mitunter viel zu lang oder wird selbst auf Wanderungen noch vom Ehrgeiz gepackt. Schmunzelnd gesteht er, dass er es nicht ertragen kann, von anderen

*Wanderern überholt zu werden, und dann »unwillkürlich immer schneller«
wird, worauf ihn seine entnervte Frau aufmerksam macht.*

*In der strukturellen Analyse kann herausgearbeitet werden, dass sich in
den Erzählungen von Herrn D. eine ganze Reihe von Verschattungen finden
lassen, die sozusagen die Kehrseite und das Nicht-Thematisierte, Implizite
der Oberflächenerzählung darstellen. Zu diesen Verschattungen zählen vor
allem die folgenden Aspekte:*

1. *Es fällt die Nichtpräsenz weiblicher Personen in seinen Darstellungen
   auf. Im Gegensatz etwa zu der Betonung seines Vaters und seines Bruders
   werden Mutter, Ehefrau und Tochter in den Erzählungen nur marginal
   berührt. Kontexte und Erfahrungsbereiche werden ausgeblendet, die einen
   Gegenhorizont zu der Männerwelt und den darin angelagerten Handlungs-
   und Erlebensmustern darstellen könnten.*
2. *Eng damit verbunden ist die Ausblendung des Themas Sexualität und des
   eigenen sexuellen Erlebens. Über den Kontakt zum anderen Geschlecht
   wird, wenn überhaupt, umwegig und in verschraubten Wendungen gesprochen.*
3. *Besonders auffällig ist die geradezu hartnäckige Verleugnung und Baga-
   tellisierung körperlicher Beschwerden und Beeinträchtigungen. So werden
   Schlafstörungen, die ihn über Jahrzehnte plagen, Probleme der Entspannung
   in der Zeit als praktizierender Arzt, schwerste Herzrhythmusstörungen und
   eine stark eingeschränkte Belastungsfähigkeit nach einer aufwendigen
   Herzklappenoperation im Alter von 64 Jahren zunächst verleugnet, dann
   aber schrittweise doch zugegeben.*
4. *In enger Korrespondenz hierzu steht ein ausgesprochen eigentümlicher Umgang mit dem Körperthema überhaupt. Ganz im Sinne des medizinischen
   Blicks auf den Körper scheint für Herrn D. der Körper nur wahrnehmbar,
   wenn er Symptome präsentiert, die in das Raster eines medizinischen Befunds
   passen. Alle jenseits dieses Katalogs liegenden somatischen Befindlichkeiten
   und Empfindungen fallen dem Übersehen und Vergessen anheim. Dominant
   ist ein Körperbezug, der den Körper als Leistungsträger ansieht – im Sport,
   in der Freizeit, wie in der Arbeitswelt. Der Körper ist außerdem Träger von
   medizinkonformen Symptomen. Herr D. betont ostentativ geistige Werte
   und Bildung im Gegensatz zu körperlichen Belangen. Er zeigt deutliche
   Erzähleinschränkungen, das eigene Erleben und Fühlen betreffend, etwa im
   Vergleich zu den sehr eloquenten Erzählbeiträgen, die Herr D. zu fachlichen
   medizinischen Fragen oder auch zu den Leistungen seines Vaters liefert.*

*Diese gravierenden Verschattungen haben massive Konsequenzen auch für
die Bewegung im Alter. Der von Herrn D. favorisierte Sport wurde unter dem
Motto hoher Leistungserbringung und Überbietung des Gegners betrieben.*

Diese Ausrichtung bedeutet für ihn nach der Herzklappenoperation und der damit einhergehenden starken Bewegungsbeeinträchtigung das bewegungsmäßige Aus. Er flüchtet sich im Alter in vergleichsweise einsame geistige Hobbys, wie Beschäftigung mit Musiktheorie, Kosmologie und Geschichte. Entscheidend ist vermutlich, dass Herr D. im Rahmen der leistungsbezogenen Sozialisation im Elternhaus, im akademischen Betrieb und im Sport keine alternativen Orientierungen aufbauen konnte, die ihn aus dieser Sackgasse im Alter herausbringen könnten. So wird die leistungsbezogene Kontrolle des Körpers im Alter zum einzig verbleibenden Bezugspunkt. Herr D. kontrolliert täglich gewissenhaft mithilfe einer eigenen Apparatur im Keller zu Hause die Gerinnungsfähigkeit seines Blutes. Er wirkt dabei sehr gefasst, korrekt und – angespannt. Der Druck lässt nicht nach!

2. Fallvignette: Frau C. (Jahrgang 1928): Der Körper als »Katalysator« des Lebens

Frau C. steht für Menschen mit einem Körperbezug, der sich in ausgesprochen enger Tuchfühlung mit der eigenen Person und der eigenen Identität bewegt. Sie bringt den Körper intensiv und explizit mit Empfindungen in Verbindung. Die Bedeutung, die der Körper als die treibende Kraft im Leben einnehmen kann, wird bei ihr sehr deutlich.

Biografisch von besonderer Bedeutung und Tragweite sind für Frau C. spezifische körperliche Dispositionen, die sie als Handicaps erlebt. So gibt sie zu verstehen, dass sie »rotblond« sei und von daher »sehr empfindlich«. Sie sei auch Linkshänderin und Legasthenikerin, sie empfinde sich in Vielem sehr anders als andere – besonders hebt sie ihr »wüstes Temperament«, ihren Widerspruchsgeist und ihr »Querdenken« hervor. Bereits zu Beginn des Interviews bringt sie den Körper mit seelischen Empfindungen in Verbindung und erklärt, dass sie im Laufe ihres Lebens dahinter gekommen sei, »ein ganz schön zäher Brocken« zu sein. Diese früh im Interview auftauchende Bemerkung ist zu lesen wie eine Lebensbilanz: »Ich bin zwar sehr empfindlich und ich hatte es immer schwerer als andere, aber ich kann auch eine ganze Menge aushalten und meistern.«

Die Akzentuierung der körperlichen Dispositionen und die Selbstverortung als »anders« haben ein Lebenskonzept begünstigt, das im Kern dem Muster »Kampf« folgt. In diesem Kampf nehmen gerade der Körper und körpergebundene Gefühle eine besondere Rolle ein:

➤ *Da ist das intensive Gefühl, im Winter Kniestrümpfe anziehen zu wollen, was ihr die Mutter streng verbietet. Bei der Tante kann sie sich durchsetzen und wird »nicht krank«, wie sie triumphierend feststellt.*

➤ *In der Kindheit und Jugend ist es das »Herumfliegen auf dem Sportplatz«, das sie als zentrales Feld der »Ausarbeitung ihrer selbst« erlebt.*

➤ *Ihr Körper meldet sich auch intensiv, als sie zur Ausbildung in eine Flechterei gesetzt wird. Sie fühlt: »Ich muss hier raus, raus, raus!« und sie beginnt eine Gärtnerlehre, bei der sie »wieder atmen« kann.*

➤ *In der Beziehung zu einem Mann »brechen« ihr »die Gefühle durch«, sie wehrt sich gegen herrschende Konventionen und die »ganzen verdrückten Gefühle« und handelt ganz ihren Gefühlen folgend. Damit geht sie allerdings auch eine schwierige Lebensverbindung ein, ihr Mann erweist sich nämlich als sehr labil und wird alkoholkrank.*

➤ *Die körperlich-sinnliche Expression im Malen und im Umgang mit Stoffen sind für sie ein ganz zentraler »Ausweg«: Hier wird sie nicht mit ihren Schwächen konfrontiert, sondern kann ihre künstlerischen Stärken nutzen und ausleben.*

Der Kampf, den Frau C. führt, ist aber auch hochgradig Kräfte zehrend. Mit der Akzentuierung des Lebens als »widerständig« stellen sich fast zwangsläufig immer wieder neue Widrigkeiten und Hürden in den Weg, was etwa darin Ausdruck findet, dass Frau C. häufig in heftige Streitereien, Konflikte und Zerwürfnisse verstrickt ist. Es zeigt sich aber auch darin, dass sie den Widrigkeiten des Lebens – besonders bei der Krankheit des Mannes, bei der Sorge für drei Kinder und bei der Durchsetzung beruflicher Ambitionen kämpferisch begegnet. In dieser Kampfhaltung übersieht sie, welchen Raubbau sie an ihren körperlichen Kräften betreibt und welche emotionale Unterdrückungsarbeit sie insgesamt leistet. Diese Zusammenhänge werden ihr erst deutlich, als sie an Krebs erkrankt und in der Nachsorge mit einer Psychologin über ihre Strategien der Konfliktverarbeitung spricht. Sie empfindet es dann als einen großen Gewinn, den inneren Rückzug und das Weinen wieder gelernt zu haben – sich also den belastenden und kränkenden Gefühlen sowie der Trauer hinzugeben und diesen Gefühlen auch körperlich Ausdruck verleihen zu können.

Es ist also wieder der Körper, der hier für Impulse sorgt und bewirkt, dass sie ihr Leben neu bzw. umgestaltet. Durch die Erkrankung des Körpers und durch die Entdeckung seiner Möglichkeiten kann sie der Seele Raum, Befreiung und Freiheit geben. Sie kann sich auf das Sofa legen und »erst einmal eine Runde heulen«, dann zu flotter Musik durch die eigene Wohnung »wedeln« oder im Schlosspark mit allen Sinnen die Natur wahrnehmen – dies beschreibt Frau C. als wichtige körperlich-seelische Rückzugs- und Entlastungsmomente.

Ich halte es für mehr als nur zufällig, dass im Körperumgang des männlichen Biografen der aktive, hier stark kontrollierende und leistungsbezogene Modus dominiert, bei der Biografin jedoch neben dem aktiven Modus wesentlich deutlicher auch die Ebene des Erleidens und die Suche nach einem partnerschaftlichen Dialog mit dem Körper zu erkennen ist. Plakativ könnte man vielleicht formulieren: Der ›Körper-Sinn‹ für Herrn D. liegt in der auch im Alter nicht nachlassenden *Kontrolle* des Körpers, Herr D. hält seinen Körper – und damit sich selbst – bis ins hohe Alter weitgehend in Schach. Der »Körper-Sinn« für die vorgestellte weibliche Biografin ist flexibler, lebendiger und produktiver, ihr gelingt – wie auch anderen befragten Frauen (Abraham 2002a) – ein Austauschprozess mit dem Körper. Sie stellt sich seinen altersbedingten Herausforderungen, sie nutzt aber auch agil und kreativ den Körper als Medium des Erlebens, des Genusses und der Befriedigung seelischer Bedürfnisse und sie lässt sich etwas von ihrem Körper sagen. Die Fälle sollten nicht als überholte »Geschlechterklischees« missverstanden werden, sondern in ihnen zeigen sich paradigmatisch spezifische Körperumgangsweisen einer bestimmten Generation, die nach wie vor von hoher Wirkmächtigkeit sind.

Ausblick

Das Wissen vom Körper in der *psychoanalytischen Therapie* stark machen zu wollen, hieße in gewisser Weise Eulen nach Athen zu tragen. Keine Psychologie und Psychotherapie ist so körpernah wie die Psychoanalyse und die Psychosomatik. Gleichwohl bemerken Kollegen/innen auch, dass der Körper in der psychoanalytischen Theorie in der präverbalen Phase und der frühen Kindheit zwar einen großen Stellenwert einnimmt, in späteren Lebensphasen und auch in der therapeutischen Praxis aber immer weniger explizit thematisiert und von eher kognitiv dominierten Argumentationsmustern und Handlungsorientierungen überlagert wird.

Den Körper wieder stärker in das therapeutische Bewusstsein und Geschehen hineinzuholen, ist sicher eine bereichernde Perspektive. Im Rahmen des Übertragungsgeschehens, das immer ja auch ein zwischenleibliches Geschehen ist und die Beteiligten leibhaftig tangiert und anrührt, gilt es dies wahrzunehmen und zu erleben. Es geht aber auch darum zu sehen, wie Patienten ihren eigenen Körper wahrnehmen, und zu erleben, welche Haltung sie zu ihm entwickelt haben, wie sie mit ihm umgehen und wie das Erleben ihrer Körperlichkeit mit biografischen Widerfahrnissen zusammenhängt. Ein Anfang hierzu wäre, der *eigenen* Körpergeschichte und dem eigenen Körperumgang intensiver nachzugehen und nachzuspüren und dabei nicht nur zu bemerken, wie sich das biografische Gewordensein im Körper niederschlägt und dort Spuren hinterlassen hat, sondern vielleicht auch zu entdecken, welche biografisch bisher ungenutzten Potenziale in der konkreten Begegnung und Auseinandersetzung mit dem Körper erlebbar und freigesetzt werden können. Körper- und bewegungsorientierte Verfahren bieten hierzu gute Gelegenheiten.

Literatur

Abraham A (2001) Sport und Bewegung im biographischen Kontext. Aktivitätsprofile im Alter vor dem Hintergrund des gelebten Lebens. In: Daugs R u. a. (Hg) Aktivität und Altern. Schorndorf (Hofmann) 329–344.

Abraham A (2002) Der Körper im biographischen Kontext. Opladen (WDV).

Abraham A (2002a) Weibliche Lebenslagen im Spiegel der Körperlichkeit. In: Hammer V, Lutz R (Hg) Weibliche Lebenslagen und soziale Benachteiligung. Frankfurt/M (Campus) 266–287.

Brandtstädter J (2007) Hartnäckige Zielverfolgung und flexible Zielanpassung als Entwicklungsressourcen: Das Modell assimilativer und akkommodativer Prozesse. In: Brandtstädter J, Lindenberger U (Hg) Entwicklungspsychologie der Lebensspanne. Stuttgart (Kohlhammer) 413–445.

Damasio A R (1997) Descartes' Irrtum. Fühlen, Denken und das menschliche Gehirn. Frankfurt/M (dtv).

Greve W (2007) Selbst und Identität im Lebenslauf. In: Brandtstädter J, Lindenberger U (Hg) Entwicklungspsychologie der Lebensspanne. Stuttgart (Kohlhammer) 305–336.

Kamper D, Wulf C (1982) (Hg) Die Wiederkehr des Körpers. Frankfurt (Suhrkamp).

Plessner H (1975) Die Stufen des Organischen und der Mensch. Berlin (de Gruyter).

Waldenfels B (2000) Das leibliche Selbst. Vorlesungen zur Phänomenologie des Leibes. Frankfurt/M (Suhrkamp).

Korrespondenzadresse:
Prof. Dr. Anke Abraham
Institut für Sportwissenschaft und Motologie der Universität Marburg
Barfüßerstraße 1
35032 Marburg
E-Mail: *abraham@staff.uni-marburg.de*

Manfred Thielen (Hg.)

Körper – Gefühl – Denken

Peter Geißler

Analytische Körperpsychotherapie

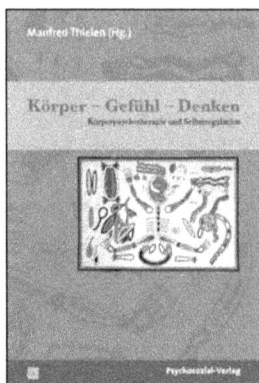

2009 · 406 Seiten · Broschur
ISBN 978-3-89806-821-5

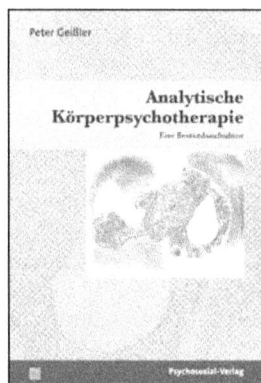

2009 · 383 Seiten · Broschur
ISBN 978-3-89806-879-6

Wie sich die Selbstregulation von Gefühlen entwickelt und wie es dabei zu Störungen kommt, damit setzen sich in den letzten Jahren Säuglings-, Emotions- und Hirnforschung zunehmend auseinander. In der Körperpsychotherapie ist »Selbstregulation« schon ein altes Thema: als Regulation der Gefühle, aber auch der körperlichen Prozesse, die mit dem seelischen Erleben einhergehen.

Der Säugling erwirbt in einem zwischenmenschlichen, ko-regulativen Prozess im Austausch mit den Eltern die Fähigkeit, seine Gefühle auszudrücken, zu steigern oder zu beruhigen, das heißt, seine Affekte zu regulieren. Ähnliches geschieht in der Therapie mit Erwachsenen. Dort ist es ein zentrales Ziel, eine gestörte oder eingeschränkte Fähigkeit zur affektiven, körperlichen und kognitiven Selbstregulation wieder zu entwickeln.

Die Bioenergetische Analyse Wilhelm Reichs und Alexander Lowens hat sich trotz ihrer psychoanalytischen Wurzeln in Theorie und Methode in eine eigenständige Richtung entwickelt. Ursprünglich galten Körperpsychotherapie und Psychoanalyse als in Theorie und Praxis unvereinbar, doch durch den Einfluss der zeitgenössischen Säuglings- und Kleinkindforschung und der Neurowissenschaften hat sich diese Kluft verringert. Moderne Psychoanalytiker interessieren sich vermehrt für körperliche Aspekte im Beziehungsgeschehen, für unbewusste Handlungsdialoge und körperliche Inszenierungen. Gleichzeitig beziehen Bioenergetiker der zweiten und dritten Generation Aspekte von Übertragung und Gegenübertragung immer stärker in ihr Vorgehen ein. Vor dem Hintergrund eigener persönlicher Erfahrung in beiden Therapieansätzen entwickelt der Autor Strategien für eine Kombination in Form der analytischen Körperpsychotherapie.

Walltorstr. 10 · 35390 Gießen · Tel. 06 41 · 96 99 78 18 · Fax 06 41 · 96 99 78 19
bestellung@psychosozial-verlag.de · www.psychosozial-verlag.de

Körper-Selbst und Körperschema im Alter

Johannes Kipp (Baunatal)

Zusammenfassung

Der Körper ist auf zweifache Weise in unserem Bewusstsein repräsentiert, als Körperschema oder Körper, den wir haben und den wir sinnlich wahrnehmen, und als Körper-Selbst oder Leib, der wir sind. Psychogene Körperbeschwerden und Schmerzen, die anatomische oder physiologische Strukturen imitieren, sind Konversionssymptome, die am Körperschema ansetzen. Klagen über lebendig wahrgenommene innere Veränderungen kommen dagegen durch Identifizierung oder Einverleibung zustande und verändern das Körper-Selbst. In diesem Zusammenhang verstehen wir, dass im Alter Störungen von Essen und Stuhlgang eine subjektiv höhere emotionale Bedeutung haben, insbesondere wenn eine depressive Erkrankung vorliegt, als die von Trinken und Wasserlassen, obwohl diese physiologisch ebenso bedeutsam sind.

Stichworte: Schmerzentstehung, narzisstische Besetzung, innere Dialoge, Inkorporation, Konversion

Abstract: Body-self and body scheme in age

The body is represented in our consciousness in two ways: as body scheme or »body that we have« and perceive sensuously, and as body-self or »body that we are«. Psychogenic body discomfort and pain that imitates anatomical or physiological structures are symptoms of conversion focussing on the body schema. However, complaints about vitally perceived inner changes come about by identification or assimilation and alter the body-self. In this context we understand that during aging dysfunctions with food and dejection possess a subjectively higher emotional meaning than dysfunctions with drinking and urinating, especially when dealing with a depressive disease, even though they are physiologically equally meaningful.

Key words: Origin of pain, narcissistic cathexis, inner dialogues, incorporation, conversion

Einleitung

Als älter werdender Mensch erfährt man in der Regel weniger gesellschaftliche Anerkennung, insbesondere dann, wenn körperliche Gebrechen des Alters sichtbarer werden. Der Körper verändert sich und die Blicke der Anderen sind selten tröstlich. Der Glanz im Auge der Mutter (Kohut 2002), in dem man sich – wie der Säugling – bewundert gespiegelt sehen könnte, fehlt. Die eigene Mutter ist in der Regel, wenn man alt geworden ist, nicht mehr da. Lebt sie doch noch, so zeigt dieser Blick häufig keine Bewunderung mehr, er ist dann vielmehr oft voll von kritisierender Enttäuschung, wie mir ältere Patienten häufig berichten. Es fehlen auch die bewundernden Blicke Anderer, die junge Männer und Frauen noch treffen und die Blicke der Mutter ersetzen könnten.

Ob es eine neue Attraktivität des alternden Körpers geben kann, ist für mich sehr zweifelhaft. Nur das Gesicht kann in seiner Reichhaltigkeit des Ausdrucks zunehmen und interessanter werden. Wir werden vom jungen Böckchen eben doch nicht zum bewundernswerten Zwölfender. Auch wenn wir selbst älter geworden sind, stammt der Maßstab unserer Beurteilung aus der Zeit des jungen Erwachsenenalters.

Glücklicherweise ermöglicht der bewundernde und liebende Blick der Eltern in der Kindheit ein gewisses konstantes Selbstbewusstsein, sodass man – älter geworden – meist doch nicht so stark von den Blicken der Anderen abhängig ist. In der Selbstbetrachtung registrieren wir aber, was sich am Körper im Laufe der Jahre verändert hat und was nicht mehr so funktioniert wie vor Jahren.

Aber dieses Wissen vom eigenen Körper und die Formen der Selbstbetrachtung sind nicht kontinuierlich vorhanden. Manchmal, wenn es einem sehr gut geht, kann man sich alterslos fühlen. Die Innensicht ist in solchen Augenblicken unabhängig von der äußeren Realität. Ganz anders ist es aber, wenn man sich erschöpft oder schlecht fühlt – dann ist das Alter auch vehement in der Innensicht präsent. Das Bild im Spiegel, aber auch körperliche Beschwerden machen dann das Alter (in der Außensicht) immer wieder sehr bewusst.

Heuft (Heuft et al. 2006) spricht im Rahmen eines allgemeinen Entwicklungsmodells davon, dass in der Phase des Alters dem Körper die Funktion eines somatogenen Organisators des psychischen Lebens zukomme, der die seelische Entwicklung steuere. Aus meiner Sicht ist es notwendig zu klären, ob diese Funktion durch die Innensicht oder durch die kognitiv erfassbare Außensicht des Körpers zustande kommt. Ich möchte zuerst darauf eingehen, wie das Verhältnis des alternden Menschen zu seinem Leib bzw. zu seinem Körper ist.

Das zweifache Wissen vom Körper: Körper-Selbst und Körperschema

Das Selbst des Menschen ist primär ein körperliches. Der Körper ist für uns selbstverständlich in unserem Bewusstsein vorhanden und zwar oft unabhängig von unserem äußeren Körperbild. Dieses Wissen vom eigenen Körper, das mit dem Wissen um das eigene Selbst zusammenhängt, wird Körper-Selbst genannt. Es ist der Leib, der wir sind (Joraschky 1986, Joraschky et al. 2009).

Wenn wir von unserem Körper reden, meinen wir jedoch meist nicht dieses Körper-Selbst, sondern das bewusst wahrgenommene Bild des Körpers. Dieses wird Körperbild oder Körperschema genannt und bezeichnet den Körper, den wir haben. Das Körperschema entsteht aus den unterschiedlichen Wahrnehmungen von uns selbst und wird beispielsweise auch durch unser medizinisches Wissen oder durch Komplimente geformt. Das Körperschema ist die kognitiv erfassbare Repräsentanz des Körpers.

Das Körperschema, das beispielsweise im Spiegelbild wahrgenommen wird, stimmt oft nicht mit dem Gefühl, das wir körperlich von uns selbst haben, überein. Es besteht also eine Diskrepanz zwischen Körperschema und Körper-Selbst. Ein perfekt gestalteter Körper kann durchaus zu einem Gefühl der Befriedigung führen und zu einer vorübergehenden Steigerung des Selbstbewusstseins beitragen, ein Phänomen, das Küchenhoff (1983) bei Männern, die Body-Building betreiben, untersucht hat. Das Körperbild oder Körperschema gibt jedoch keine dauerhafte innere Sicherheit, diese ist vorwiegend vom Körper-Selbst abhängig.

Im Folgenden geht es um Fragen, welche Bedeutung Körper-Selbst und Körperschema haben, wie ihre Wechselwirkung ist und wie sich im Alter die Zugänge zu diesem Wissen vom Leib bzw. vom Körper verändern.

Bevor ich mich damit beschäftige, möchte ich aufzeigen, welche Formen der Entstehung psychogener Schmerzen in der Literatur diskutiert werden, da die Beschäftigung mit dem eigenen Körper insbesondere im Alter auch mit körperlichen Funktionsstörungen und Schmerzen zusammenhängt.

Körperliche Symptome und der Körper im Alter

Schmerzen können natürlich durch Funktionsstörungen der Organe entstehen und Kopf- und Rückenschmerzen gehören zu den häufigsten Symptomen überhaupt. Psychische Probleme und Konflikte können sich aber auch auf unterschiedliche Weise als körperliche Symptome zeigen. Hoffmann und

Egle (2007) stellen folgende Modelle psychodynamischer Schmerzentstehung heraus. Schmerzen entstehen durch:

➤ das Prinzip der psychischen Substitution, bei der der Schmerz eine psycho-prothetische Funktion im Sinne eines narzisstischen Mechanismus hat,
➤ das Prinzip der Konfliktentlastung durch körpersprachlich ausgedrückte Symbolisierung im Sinne einer Konversion,
➤ das Prinzip der primären (nichtkonvertierten) Umwandlung von Affekten in körperliche Spannungszustände oder durch
➤ Wirksamwerden dissoziierter Traumafolgen.

Auch das Bindungskonzept von Bowlby und Lernvorgänge können (nach Hoffman und Egle) für das Verständnis der Chronifizierung von Schmerzen hinzubezogen werden.

Wir (Kipp u. Jüngling 2006) haben vor allem die Bedeutung von Introjek-tions- oder Inkorporationsmechanismen bei der Entstehung von körperlichen Beschwerden bei somatisierten Depressionen herausgestellt, die im Alter besonders häufig auftreten. Es ist unklar, ob ein weiterer Mechanismus der Schmerzentstehung angenommen werden muss oder ob diese Form der Ent-stehung psychogener Schmerzen der psychoprothetischen Funktion im Sinne

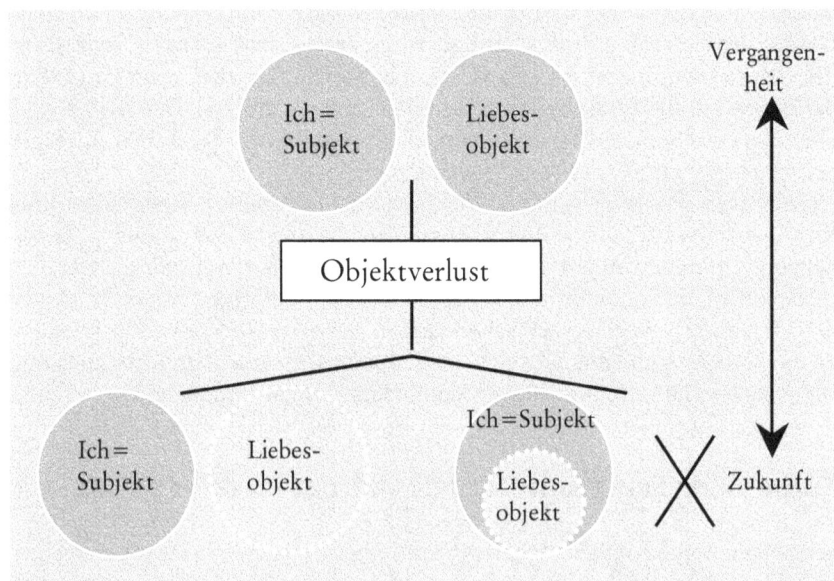

Abbildung 3: Psychodynamik von Trauer und Melancholie nach Freud (1916)

eines narzisstischen Mechanismus nach Hoffmann und Egle entspricht, da Introjektionsvorgänge per definitionem das Ich bzw. das Selbst verändern.

Identifizierung und die Entstehung von somatisierten Beschwerden und von innerer Dialogen

Die Bildung der Persönlichkeit bzw. des Selbst kommt durch Identifizierungen zustande. Freud (1916) hat in seiner epochalen Arbeit über »Trauer und Melancholie« aber auch aufgezeigt, dass durch Identifizierung auch Depressionen entstehen. Der Depressive oder Melancholiker ist nicht in der Lage zu trauern und von einem verlorenen oder aufgegebenen Objekt Abschied zu nehmen. Nach Verlusten nimmt er dieses verlorene Liebesobjekt, wenn es zuvor ambivalent besetzt war, in sein eigenes Inneres durch Identifizierung oder Introjektion auf und klagt es dort an. Schuldgefühle und Selbstanklagen in der Depression sind nach Freud so zu verstehen, dass das introjizierte Objekt im eigenen Selbst beschuldigt und angeklagt wird (vgl. Abb. 3).

Mit zunehmendem Alter treten bei Depressionen die Schuldgefühle jedoch zurück, während somatisierte Beschwerden mehr in den Vordergrund rücken (Goebel et al. 1996). Die Entstehung dieser körperlichen Beschwerden kann unseres Erachtens auch auf Introjektionsvorgänge regressiver Art zurückgeführt werden, nämlich auf den Mechanismus der Inkorporation oder Einverleibung. Wir verstehen somatisierte Beschwerden alter Patienten als Folge von Inkorporations- bzw. Einverleibungsvorgängen, die nach Verlusten zustande kommen und das Körper-Selbst verändern. Das verlorene Objekt lebt gleichsam körperlich im eigenen Inneren weiter.

Grübeln und die Zuweisung von Schuld im depressiven Erleben kommen in Form von dialogischem Denken oder »innerem Sprechen« zum Ausdruck, Phänomene, die als innerer Dialog bezeichnet werden können. Man kann bei sich selbst solche inneren Dialoge insbesondere dann beobachten, wenn einem Schuldgefühle plagen. In solchen inneren Dialogen spricht man sich mit »du« oder »ich« an, wenn einem beispielsweise ein Fehler unterlaufen sind. Man sagt dann zu sich: »Das hätte *dir* nicht passieren dürfen!« oder »Das hätte *mir* nicht passieren dürfen«. Ein Überich-naher Selbstanteil rügt einen anderen Teil des eigenen Selbst, das Introjekt.

Statt der Schuldgefühle und Selbstanklagen finden sich bei alten Patienten mit somatisierter Depression häufig innere Dialoge, in denen das körperlich erlebte, oft sehr lebendig beschriebene Introjekt schmerzhaft laut wird. Die inneren Dialoge spielen sich im Falle einer somatisierten Depression also nicht zwischen dem Selbst und einem seelischen Introjekt ab, sondern zwischen dem Selbst und den beklagten körperlichen Missempfindungen oder Schmerzen.

Kennzeichnend ist, dass die Beschwerden häufig ganz lebendig geschildert werden und dass die Depressiven mit solchen somatisierten Beschwerden ganz in ihren inneren Dialog eingebunden sind. Kommt man bei einer Visite erstmals mit einem solchen schwer-depressiven Menschen in Kontakt, kann es sein, dass man kurzfristig gleichsam als Heilsbringer begrüßt wird. Jedoch setzt schon häufig nach wenigen Augenblicken eine Enttäuschungsreaktion ein und die Patienten ziehen sich wieder aus der Objektbeziehung zurück und sind in ihren klagenden und anklagenden Beschwerdeschilderungen nur noch in einem inneren Dialog mit ihren körperlichen Symptomen.

Im höheren Lebensalter werden unwiederbringliche Verluste häufiger und Trauer wird deshalb schwieriger. Aus unserer Sicht steigt die Gefahr, depressiv zu reagieren. Warum aber im Alter zur Abwehr von Verlusten die Inkorporation, eine regressive Vorform der Identifizierung, häufiger auftritt, ist bisher nicht erklärbar.

Auf das psychotherapeutische Vorgehen bei Altersdepressionen kann ich hier nicht weiter eingehen (Kipp 2007). Ziel der psychotherapeutischen Arbeit mit Depressiven muss es sein, in die Zeit vor dem Verlust zurückzugehen und an frühere Ressourcen und Beziehungserfahrungen anzuknüpfen, um so eine Trauer in Bezug auf die verlorenen Objekte zu ermöglichen.

Psychische Veränderungen des Körperschemas

Die Konversion, also der Mechanismus, durch den psychische Konflikte symbolisch auf eine körperliche Funktionsebene verlagert werden, betrifft nicht den Körper insgesamt, also nicht Körper-Selbst und Körperschema gleichzeitig. Konversionsstörungen richten sich nach dem vorhandenen anatomischen Wissen und imitieren beispielsweise Halbseitenstörungen. Es geht also im Gegensatz zur Somatisierung um eine Veränderung der Außensicht der körperlichen Empfindungen. Ich möchte postulieren, dass Konversionsmechanismen nur zu Veränderungen des Körperschemas und nicht des Körper-Selbst führen (Kipp 2001).

Eine 63-jährige Patientin ist meist so stark gelähmt, dass sie einen Rollstuhl braucht. Die Behandlung in einer Parkinsonklinik hat zu keiner wesentlichen Besserung der Symptomatik geführt.

In den psychotherapeutischen Gesprächen schildert sie u. a. die Kriegszeit, die sie an ihrem Heimatort miterlebt hatte. Sie hatte kein enges Verhältnis zu ihrer Mutter. Die Mutter hatte bei Bombenalarm und beim Gang in den Bunker den älteren Bruder an die Hand genommen, während sie allein gehen musste. Ihre jetzige Gehstörung, die zeitweise für kurze Augenblicke wie weggeblasen sein kann, stellt diese frühere Konfliktsituation dar, so wie wenn die Patientin der Mutter noch heute vermitteln wollte, dass ihr die sichere Hand der Mutter fehlt.

Die Entstehung der Störung ging primär von einer Enttäuschung an ihrem Mann aus, den sie verdächtigte, sie mit einer anderen Frau betrogen zu haben. Nach einem gekränkten Rückzug aus Aktivitäten im Verein, in dem ihr Mann auch im Vorstand tätig war, traten dann allmählich die »Lähmungen« auf. Mit der Verschlimmerung ihrer Symptomatik konnte sie ihren Mann zwingen, sogar während des Krankenhausaufenthaltes jederzeit für sie aktiv zu werden.

Bei dieser Patientin ging es dauernd um die körperliche Problematik und um das, was sie konnte oder meist nicht konnte. Die Lähmung, also das Konversionssymptom stand ganz im Vordergrund, jedoch keine lebendigen Symptomschilderungen wie bei einer somatisierten Depression. Wenn man mit ihr über körperliche Altersveränderungen sprechen wollte, schienen diese für die Patientin selbst keine Bedeutung zu haben.

Konversionssymptome machen sich am Körperschema fest. Wenn der Körper bzw. das Körperschema als Ausdrucksorgan für seelische Konflikte und Traumata gebraucht wird, leidet die Kognition und aufgetretene Altersveränderungen werden, wie in dem geschilderten Falle, nicht oder nur eingeschränkt wahrgenommen. Ich gehe davon aus, dass bei Bestehen von Konversionssymptomen der Körper im Alter als Organisator der psychischen Entwicklung im Sinne von Heuft (2006) ausfällt und Menschen mit Konversionssymptomen sich eigenartig jung bzw. alterslos zeigen, was von außen als diskrepant zur körperlichen Erscheinung erlebt wird. In Fällen, in denen Menschen ihr eigenes körperliches Altern nicht wahrnehmen oder nicht wahrhaben wollen, ist eine Entwicklungsverzögerung, ein Stehenbleiben auf einem infantilen Stadium – wie Lackinger Karger (2007) dies ausdrückt – durch Konversion bzw. durch hysterische seelische Mechanismen zu vermuten.

Altern und die Veränderungen von Körper-Selbst und Körperschema

Während in der Kindheit Körperschema und Körper-Selbst noch zusammenfallen, entwickeln sich diese, wie ich aufzuzeigen versuchte (Kipp 2001), immer mehr auseinander. Da sich im Laufe der Zeit bzw. des Alterns der Leib bzw. der Körper verändert, ändert sich auch die Repräsentanz, die von ihm in der Innen- und Außensicht bewusst wird. Wie wir leicht an uns selbst beobachten können, gibt es neben der Zeitlosigkeit des Unbewussten auch ein Wissen des

Wirkens der Lebenszeit in der Innensicht: das Körper-Selbst verändert sich. Ich möchte versuchen, Veränderungen des Körper-Selbst herauszuarbeiten, die sich an den Veränderungen der Körperfunktionen beobachten lassen.

Appetitlosigkeit und Adipositas – Zur Gestaltung des Körper-Selbst durch das Körperschema

Viele ältere Menschen zwingen sich dazu, auch wenn sie durch eine Depression keinen Appetit haben, zu essen, obgleich es bei häufig vorhandenem Übergewicht, unter dem sie häufig auch leiden, viel gesünder wäre, wenn sie an Gewicht abnehmen würden. Aus medizinischer Sicht ist nur eine Gewichtsabnahme im Vierten Lebensalter nicht mehr gesund, da diese bei sehr alten und dement gewordenen Menschen häufig durch Schluckstörungen bedingt ist.

Adipöse Menschen müssten sich insbesondere im Alter eigentlich freuen, wenn sie nicht mehr soviel Hunger haben und so an Gewicht abnehmen können. Sie reagieren nicht selten genau gegenteilig, so wie wenn eine gewisse Menge der täglichen Nahrung ein Muss sei. Wie kann man dies erklären? Sicher hängt dieses Muss mit der Kindheit in der Kriegs- oder Notzeit zusammen, in der es existenziell wichtig war, Nahrung, soweit vorhanden, auch zu essen. Vielleicht hat dieses Muss und die Angst, nichts essen zu können, auch damit zu tun, dass das Wissen um den eigenen Körper langfristig doch auf das Körper-Selbst in einer Weise eingewirkt hat, die vielleicht folgendermaßen formuliert werden könnte: Ich bin ein gewichtiger Mensch und wenn ich etwas von meinem Gewicht verliere, dann verliere ich ein Teil meines Selbst. Eine eindeutige Antwort ist nicht möglich, ich möchte deshalb die Erfahrungen mit einem Patienten schildern.

Ein 78-jähriger depressiver Patient, der schon seit 15 Jahren berentet ist, sich aber stark und effektiv sozial engagiert, ist nach einer Behandlung von sieben Wochen in einer Rehaklinik wieder relativ fit geworden. Nach einigen Monaten bei gleichbleibender Medikation ist er wieder erschöpft und hat das Gefühl, dass alles schwanke. Er hat auch keinen Appetit mehr. Außerdem ist er morgens müde und wie zerschlagen, ein typisches Symptom der Depression.

Vom Erstgespräch bleibt mir vor allem sein Bericht über sein intensives soziales Engagement in Erinnerung. In weiteren Gesprächen zeigt sich, dass er die Krankenrolle nur schwer ertragen kann. In Variationen teilt er mit, dass er hier falsch, also am falschen Platz sei. Er fühlt sich nur in der Helferrolle sicher. Als Depressiv-Hilfsbedürftiger ist er ganz unsicher, das Symptom des Schwankens könnte damit zusammenhängen. Von seiner Mutter sehr ab-

hängig, betrachtete er wohl Aktivität und beruflichen Ehrgeiz als die Mittel, selbstständig zu werden.

Er hat einen deutlichen Bauch, was er selbst anspricht, als wir über seine Appetitlosigkeit sprechen. Er hat auch mehrere Erklärungen, wie er zu diesem Bauch gekommen ist: In der Lehrzeit hätten Arbeitskollegen immer gestaunt, wie viel er essen konnte – es war kurz nach dem Zweiten Weltkrieg. Später musste er bei der Arbeit mit Kollegen häufig weite Strecken fahren. Um mit der Arbeit fertig zu werden, musste die Mittagspause verschoben werden. Auf der Heimfahrt hätten die Kollegen dann Lokale ausgewählt, in denen es große Portionen gab. Außerdem darf nichts Essbares umkommen, er habe früher häufig die Teller seiner Kinder leer gegessen, wenn diese etwas übrig gelassen hatten. Trotz einer gewissen Fähigkeit zur Selbstkritik macht er deutlich, dass dieser Bauch zu ihm gehört und er nicht auf ihn verzichten möchte. Und so ist auch seine Appetitarmut für ihn keine Entlastung, sondern eine Bedrohung.

Bei diesen älteren depressiven Patienten, die einerseits unter ihrem Übergewicht leiden, andererseits einen beinahe panischen Schrecken entwickeln, wenn ihr Appetit schlechter als gewohnt ist und es ihnen schwer fällt, die gewohnte Portion zu essen, scheint der übergewichtige Körper zur Selbstrepräsentanz geworden zu sein. Ein Schwinden der Körperfülle wird als Selbstverlust erlebt. Das lange Jahre bestehende Bild des Körpers, das Körperschema, beeinflusst und gestaltet offensichtlich allmählich das Körper-Selbst.

Stuhlgang im Alter

Etwas ironisch habe ich einmal herausgestellt, dass bei einem Menschen, der zehn Minuten spontan über seinen Stuhlgang bzw. über dessen Ausbleiben reden kann, eine Depression zu diagnostizieren ist. Es handelt sich zwar um keine notwendige, aber um eine hinreichende Bedingung, eine Depressionsdiagnose zu stellen. Ich habe diese Fähigkeit, so lange sich mit dem eigenen – meist fehlenden – Stuhlgang auseinanderzusetzen, bisher nur bei älteren depressiven Menschen beobachtet.

Bei einer 74-jährigen, schwer depressiven Patientin, die intensiv darüber klagte, dass sie keinen Stuhlgang habe, bemerkte eine Krankenschwester beispielsweise, wie diese den gerade produzierten wurstförmigen Stuhlgang wieder in den After hineinschieben wollte. Offensichtlich waren bei dieser Patientin die Verlustängste bei gleichzeitiger Klage, nichts mehr essen zu können, weil kein Stuhlgang mehr möglich sei, so groß, dass es zu diesem eigenartigen Verhalten kam.

Auch wenn solche extremen Verhaltensweisen vielleicht nur in der klinischen Psychiatrie zu beobachten sind, zeigen sie doch etwas von der Veränderung des körperlichen Erlebens im Alter. Wie vor allem Abraham (1924) herausgearbeitet hatte, sind mit der analen Phase polar unterschiedliche Triebimpulse verbunden, nämlich anal-sadistische und anal-retentive. Die anal-retentiven Impulse werden im Alter stärker, wie ich am Beispiel des Sammelzwangs oder des Vermüllungssyndroms herausgearbeitet habe (Kipp 2005). Das Festhalten der Nahrung im Körper, das ambivalente Erleben des Stuhlgangs, das häufig auch zur Angst vor dem weiteren Essen führt, ist schwer zu verstehen. Ein regressives Bild des eigenen Körpers scheint den damit einhergehenden Vorstellungen zu Grunde zu liegen. Es geht in einer solchen Depression wohl um Verlustängste in dem Sinne, dass introjizierte Objekte durch den Stuhlgang verloren gehen könnten. Aus meiner Sicht werden in diesen depressiven Stuhlgangserlebnisweisen Probleme des Körper-Selbst bzw. mit dem Körper-Selbst und nicht mit dem Körperschema angesprochen. Die Vorstellungen und Verhaltensweisen sind kognitiv nicht nachvollziehbar.

Trinken und Wasserlassen im Alter

Bei vielen alten Menschen ist es ein großes Problem, dass sie genügend trinken. Oft ist dieses Problem damit verbunden, dass einfach wenig Durst vorhanden ist. Nicht selten sind es aber nachvollziehbare Gründe, dass nämlich die Angst, nachts mehrfach aufstehen zu müssen oder gar das Wasser nicht halten zu können, dazu führt, dass es zu einer bewussten Einschränkung der Trinkmenge vor allem am Abend kommt. Das Problem mit dem Trinken und dem Wasserlassen hängt also häufig mit kognitiv nachvollziehbaren Überlegungen zusammen. Die Selbstregulation in diesem Bereich bzw. auch deren Versagen hängt mit dem Körper, den wir haben, zusammen und ist mit der kognitiven Repräsentanz des Körpers, d.h. mit dem Körperschema verbunden. Obwohl Trinken und Wasserlassen relevante Altersthemen sind, haben sie weniger emotionale Bedeutung als Essen und Stuhlgang.

Bei alten Männern kann das Wasserlassen noch eine andere Bedeutung bekommen. Besteht ein gewisser Druck, Wasser zu lassen, so ist dies nicht selten Ursache einer Erektion, die Erinnerungen an frühere Zeiten wachrufen kann. Eine Demonstration der so erwachten Potenz ruft freilich bei Pflegekräften meist Abneigung hervor. Es ist also nicht das Wasserlassen, das emotional besetzt ist, sondern die dadurch hervorgerufenen sexuellen Gefühle.

Trinken und Wasserlassen beeinflussen zwar das Leben im Alter auf ganz erhebliche Weise, sind jedoch weniger mit dem Selbst verbunden, wie – aus meiner Sicht – Essen und Stuhlgang. Hier kann die Frage gestellt werden, wie es zu einer solch unterschiedlichen Nähe von Körperfunktionen zum Selbsterleben bzw. zum Körper-Selbst kommen kann. Meine Vermutung ist, dass die Nähe zum Selbsterleben mit der Triebentwicklung zu tun hat – also mit der oralen, analen schließlich auch genitalen Phase. Essen und Stuhlgang haben wohl aus diesem Grunde eine höhere emotionale Bedeutung?

Ausblick

Inzwischen (Röhricht 2009) werden die Überlegungen zur Wahrnehmung und zum Wissen um den eigenen Körper weiter differenziert. Man spricht von körperbezogenen *Perzeptionen* und fasst darunter die Begriffe *Körperschema* und *Körperempfinden* zusammen. Zu den körperbezogenen *Kognitionen* gehören *Körperbild* und *Körper Selbst*. Als neue Kategorien des Verhältnisses zum eigenen Körper kommen *körperbezogene Emotionen* und *Körperverhalten* hinzu. Alle Begriffe weisen auf unterschiedliche menschliche Selbstwahrnehmungsstrukturen hin. Wenn sich im Laufe der Lebenszeit der Leib bzw. auch der Körper verändert, so hat dies auch Auswirkungen auf das, was davon wahrgenommen wird.

Mit der zunehmenden Multimorbidität im Laufe des Alterns werden die dadurch entstehenden körperlichen Beschwerden häufiger. Es ist zudem davon auszugehen, dass auch die somatisierten, psychisch bedingten Beschwerden im Alter zunehmen (Kipp u. Jüngling 2007). Solche Beschwerden sind anzunehmen, wenn sie lebendig geschildert werden und sich überhaupt nicht an plausible anatomische Grenzen halten. Wie häufig aber das Auftreten von Konversionsstörungen im Alter ist, ist schwierig abzuklären. In der Klinik werden sie selten diagnostiziert. Da die körperlichen Beschwerden in Zusammenhang mit Konversionsstörungen körperlich bedingte Veränderungen imitieren und plausible anatomische Grenzen nachzeichnen, ist die Wahrscheinlichkeit groß, dass sie als Folgen körperlicher Erkrankungen verkannt werden.

Spannend bei der subjektiven Wahrnehmung des eigenen Körpers bzw. Leibs ist, wie bevölkerungsrepräsentative Erhebungen zeigen (Brähler et al. 2009), dass sich innerhalb von 20 Jahren von 1975 bis 1994 der Einfluss von Alter und Geschlecht auf das Ausmaß subjektiver Körperbeschwerden dramatisch verändert hat. Insbesondere der Alterseffekt hat sich stark reduziert – Menschen im Alter klagten 1994 nicht mehr so viel wie 20 Jahre früher über Körperbeschwerden – und auch der Geschlechtseffekt hat sich in dieser Zeit halbiert. Die Autoren gehen davon aus, dass Frauen inzwischen über ihre Symptome in »typisch männlicher« Weise berichten. Parallel zum Rückgang der Körperbeschwerden ist auch eine Verbesserung des subjektiven Gesundheitszustands zu konstatieren.

Die Äußerung von Körperbeschwerden stellt also ein sehr komplexes Geschehen dar, das eng mit Prozessen der Wahrnehmung von körperlichen Symptomen und darauf bezogenen kognitiven Bewertungsprozessen verknüpft ist.

Literatur

Abraham K (1924) Versuch einer Entwicklungsgeschichte der Libido auf Grund der Psychoanalyse seelischer Störungen. In: Abraham K (1969) Psychoanalytische Studien zur Charakterbildung. Frankfurt (Fischer) 117–126.

Brähler E, Felder H, Schumacher J (2009) Wenn der Körper zur Last wird: Zum Einfluss von Alter, Geschlecht und Epoche auf körperliche Beschwerden. In: Joraschky P, Loew T, Röhricht F (Hg) Körpererleben und Körperbild. Ein Handbuch zur Diagnostik. Stuttgart, New York (Schattauer) 53–63.

Freud S (1916) Trauer und Melancholie. GW Band 10. Frankfurt (Fischer) 428–446.

Heuft G, Kruse A, Radebold H (2006) Lehrbuch der Gerontopsychosomatik und Alterspsychotherapie. 2. Aufl. München (Reinhardt).

Joraschky P, Loew T, Röhricht F (2009) Körpererleben und Körperbild. Ein Handbuch zur Diagnostik. Stuttgart, New York (Schattauer).

Kipp J (2001) Hysterische Symptome und der Körper im Alter. Z Psychosom Med Psychoth 47(2): 167–178.

Kipp J (2005) Zur Polarität von Ordnung und Vermüllung – Psychodynamik des Sammelzwangs im Alter. Psychotherapie im Alter 2(2): 73–88.

Kipp J (2007) Depression im Alter. In: Schauenburg H, Hofmann B (Hg) Psychotherapie der Depression. Stuttgart (Thieme) 173–181.

Kipp J, Jüngling G (2007) Einführung in die praktische Gerontopsychiatrie. Zum verstehenden Umgang mit alten Menschen. München (Reinhardt).

Kohut H (2002) Narzißmus? Frankfurt (Suhrkamp)

Küchenhoff HJ (1983) Body Building: der Körper als Statue. Fragmente (Schriftenreihe zur Psychoanalyse, GHK Kassel) 9: 6–32.

Lackinger Karger I (2007) Schönheitsklinik oder Zen-Kloster? Oder: Wie Frau trotz hysterisierten Zeitgeists in Schönheit und Würde altern kann. Psychotherapie im Alter 4(1): 21–38.

Röhricht F (2009) Das Körperbild im Spannungsfeld von Sprache und Erleben – terminologische Überlegungen. In: Joraschky P, Loew T, Röhricht F (Hg) Körpererleben und Körperbild. Ein Handbuch zur Diagnostik. Stuttgart, New York (Schattauer) 25–34.

Korrespondenzadresse:
Dr. med. Johannes Kipp
Felsengarten 9
34225 Baunatal
E-Mail: *johanneskipp@t-online.de*

»Über's Altern spricht man nicht …«

Von der Herausforderung, als Frau zu altern

Ingeborg Lackinger Karger (Düsseldorf)

Zusammenfassung

In diesem Beitrag wird dargestellt, welche Erfahrungen Frauen mit dem Altern machen. Diese Erfahrungen setzen – ausgehend von den körperlichen Veränderungen durch die Wechseljahre – früher ein und verlaufen fundamental anders als bei Männern. Die Konfrontation mit der unabänderlich verlöschenden körperlichen Fruchtbarkeit stellt eine Herausforderung dar, die vergleichbar ist mit der adoleszenten Reifungskrise. Mit unausweichlichem Verlust und Trauer verbunden, stellt sie letztlich eine besondere Chance zu psychischer Reifung dar.

Stichworte: Altern bei Frauen, Wechseljahre, Reifungskrise, geschlechtsspezifische Reifung

Abstract: »Let's talk about ageing.« On difficulties with ageing for women

Ageing is difficult and a very specific experience – for both men and women. For women though it is specifically different than ageing is for men. Due to the onset of menopause women experience a confrontation with ageing already in their mid-fifties. Triggered by the loss of their period and thereby their fertility, women have to confront themselves with the inevitability of change – very much comparable with the crisis in adolescence. The necessity and inevitability of this crisis, of physically experienced loss, of working-through and mourning can be understood as a precious chance for psychic development.

Keywords: Ageing in women, menopause, development thru crisis, gender specific ageing

Einleitung

Wie schwer es ist zu altern, mit wie viel narzisstischen und somatischen Einschränkungen verbunden, ist keine Neuigkeit. George Bernard Shaw beschreibt es mit lakonischer Genauigkeit: »Altern ist nichts für Feiglinge!« Jede Generation hat neu diese Phase zu durchleben und zu bewältigen. Für Frauen stellt sich diese Lebensphase ähnlich, doch spezifisch anders als für Männer dar und sie beginnt früher: schon in den Wechseljahren – wenn an das Alter heutzutage noch nicht wirklich gedacht wird. Im glücklichsten Fall erleichtert die Erfahrung der Wechseljahre mit ihrem speziellen Reifungspotenzial dann aber den Weg ins Alter.

Frauen erleben mit dem Wechsel eine besondere Schwellensituation, die sich zunächst und sehr offensichtlich an körperlichen Veränderungen festmacht. Diese gleicht in Dynamik und Thematik der Adoleszenz, denn in beiden Lebensphasen geht es um Trennung von bisher erworbenen Selbstkonzepten im Sinne Freuds als körperlichem Ich (oder Selbst) und um Wandlung und Zugewinn neuer Perspektiven. In den Wechseljahren ist durch die im Reifungsprozess üblicherweise gewonnenen Einblicke in die Realitäten des Lebens die Möglichkeit jedoch geringer, weiteren spezifischen persönlichen Reifungsprozessen, die vor allem Trauer mit sich bringen, durch Verleugnung oder Verschiebung zu entgehen. So kommt es dazu, dass auch hysterische Verarbeitungsmechanismen in den Wechseljahren noch einmal – wie in der Adoleszenz – natürlicherweise aktiviert werden, um die Mühen dieser Schwellensituationen im Leben zu mildern.

Körper-Wandlung

In den Jahren jenseits der 40 verändern sich für Frauen verschiedene psychosoziale Lebensbereiche und diese Veränderungen müssen bewältigt werden. Diese Veränderungen sind fast alle zugleich eng mit den körperlichen Umstellungen des Hormonhaushalts verbunden und vor allem in ihren Folgen letztlich unabänderlich – so wie der allgemeine somatische Alterungsprozess natürlich auch. Im Selbsterleben der Frau treten die Wechseljahre jedoch zunächst durch spürbare körperliche Veränderungen in Erscheinung. Diese beziehen sich in erster Linie auf die weiblichen Organe, greifen aber auch in das psychische Erleben ein. Neben den allgemeinen Alterserscheinungen, wie bleibende Mimikfalten, Ergrauen der Haare, Figurveränderungen hin zu mehr Fülligkeit bei gleichzeitiger Auflockerung von Bindegewebe und Haut und leichtere Erschöpfbarkeit, treten die Symptome der Wechseljahre im engeren Sinne auf. Diese lassen sich ursächlich auf die allmähliche Reduktion der Östrogenproduktion in den Eierstöcken zurückführen und sind – wie etwa die Hitzewallungen – zum Teil die Folge von überschießenden Gegenregulierungsprozessen des Organismus. Andere Folgen geringerer Östrogenspiegel zeigen sich im Sinken der Durchfeuchtung der genitalen Schleimhäute und in der Rückbildung des Drüsengewebes der Brüste zu Gunsten weichen Fettgewebes. Eine der offensichtlichsten Veränderungen ist jedoch die Veränderung des Zyklus und letztlich das Ausbleiben der monatlichen Blutung. Dies ist ein nachhaltiger Einschnitt in das bisherige Erleben, in einen beruhigend-naturgegebenen Zeittakt eingebunden zu sein und an die ansonsten ja nicht wirklich fühlbare körperliche Fruchtbarkeit regelmäßig erinnert zu werden.

Diese körperlichen Veränderungen fordern von der Frau in mittleren Jahren eine intensive Anpassungs- und Umstellungsleistung in Erleben und Verhalten: körperlich und psychisch im Selbstverhältnis, aber auch auf der Beziehungsebene. Dabei ist von großer Bedeutung, dass die Wechseljahre – ähnlich der Adoleszenz – ein unabänderlicher und unvermeidlicher Teil des Frauenlebens sind. Mit dieser Tatsache allein bringen sie schon eine druckvolle Dynamik in das Erleben der mittleren Jahre hinein: der Wechsel ist unausweichlich. Dies geschieht zu einem Zeitpunkt im Leben, in dem sich nach den unruhigen Jahren der Adoleszenz und der jungen Erwachsenenzeit lange Jahre mit nur langsam erlebten Veränderungen etabliert haben.

Frau A. (53) berichtet im Rahmen einer Konsultation wegen Wechseljahresfragen: »Wissen Sie, ich weiß doch, was Wechseljahre sind, wann sie kommen und alles. Aber als meine Periode plötzlich unregelmäßig wurde, hat mich das zutiefst schockiert. Ich war so verunsichert und fühlte mich auf einen Schlag alt geworden. Dabei sah ich im Spiegel aus wie immer. Ich glaube, ich bin unbewusst davon ausgegangen, dass der Wechsel was für andere Frauen ist – nicht mich!«

Männer kennen eine solche unerwartete Dichte und im Vorhinein nicht individuell abzuschätzende Dramatik von Wechseljahren nicht – sie altern eher graduell und kontinuierlich. Deshalb sind sie in dieser Zeit auch nicht so intensiv herausgefordert, sich dem Altern zu stellen, und aktivieren leichter zugängliche Möglichkeiten der Verleugnung (»Männer reifen, Frauen werden alt«). Körperliche Veränderungen sind für beide Geschlechter vor allem in der Pubertät massiv, sie geschehen innerhalb weniger Jahre. Frauen erleben außerdem erneut mit Schwangerschaft, Entbindung und der ersten Babyzeit beträchtliche Veränderungen. Danach aber gibt es auch für sie viele Jahre einer sicheren Gleichförmigkeit im gesunden körperlichen Erleben, wenn es nicht durch Krankheit oder Behinderung zu Einschnitten kommt.

Die Wechseljahre bedeuten für die Frau deshalb quasi nach einer Phase der Latenz einen intensiv erlebbaren und unübersehbar erkennbaren Wandel, der letztlich nicht beeinflussbar und nur in seiner Intensität ein wenig zu mildern ist. Psychisch erfordert diese Erfahrung große Flexibilität und die Fähigkeit, Unabänderlichkeit, Desillusionierung und Enttäuschung zu ertragen und in produktive Energie verwandeln zu können. Dies fördert die Einsicht in Verzicht, Grenzen und Endlichkeit durch körperliche Erfahrung – nicht durch intellektuelles Verstehen.

Lebens-Klippen

Klimakterium, der medizinische Fachterminus für die Wechseljahre, bedeutet »Leiterstufen«, die aber unversehens zu Klippen der seelischen Entwicklung und der psychischen Ökonomie werden können. Anders als Männer sind Frauen ihr ganzes Leben lang, wie Vera King es für Adoleszente beschreibt, »mit den körperlichen Veränderungen und der unhintergehbaren Leibgebundenheit des Seins in mancher Hinsicht markanter konfrontiert [...] und kulturell auch in stärkerem Maß auf Bedeutungen des Körperlichen festgelegt oder reduziert« (King 2001). Wie sich in der Adoleszenz die Anforderung an das Mädchen stellt, ihre genitale Körperlichkeit zu integrieren, kommt auf die Frau im Klimakterium die Aufgabe zu, ein neues Verhältnis zu ihrer Genitalität, zu Begehren und Lust auf körperlicher und seelischer Ebene gleichermaßen zu erreichen. Sie hat zwar, anders als die Jugendliche, mehr Reife und psychische Erfahrung in diesen Prozess einzubringen, doch stellt die vor ihr stehende Lebensphase ebenso eine Unbekannte mit entsprechenden Ängsten dar. Zudem ist ihr im mittleren Alter die Endlichkeit des Lebens naturgemäß deutlich näher als einer Jugendlichen – mit allen hierfür spezifischen Bedrohungen der Integrität.

Vorbildhaft für den Umgang mit dieser Lebensphase können neben den peers – den gleichaltrigen oder älteren Freundinnen – nur die vorangehende Generation von Frauen, mithin die »Mütter« und »Großmütter« sein. Die Wechseljahre bedeuten deshalb erneut eine Auseinandersetzung mit den wichtigen Mutterfiguren im Leben, mit der leiblichen und mit den später als Vorbilder »erworbenen«. Letzteres stellt einen großen Vorteil im Vergleich zur Adoleszenten dar, denn die Wechseljährige hat mehr realitätsnahe Vergleichsmöglichkeiten zur Verfügung und ist altersbedingt psychisch weniger in Abgrenzung von der eigenen Mutter. Dennoch bedeutet es, sich mit Frauen vergleichen zu müssen, deren Leben die längste Zeit gedauert hat und deren Altersveränderungen und altersbedingten Einschränkungen unübersehbar sind. Noch einmal stellt sich (be)drängend die Frage »Will ich so (alt) werden wie meine Mutter?« und zwar mit unvermittelter Schärfe, der nicht mehr mit unrealistischen Größenfantasien ausgewichen werden kann. Die Wahrscheinlichkeit einer durchgreifenden Neuentwicklung der Persönlichkeit oder umfassenden Veränderung ist nicht mehr groß, sollten sich beim Vergleich mit der Mutter etwa unliebsame charakterliche Ähnlichkeiten zeigen. Diese Kränkungen anzunehmen und positiv in einen Teil der eigenen Individualität zu verarbeiten, ist ohne Zweifel eine anstrengende Aufgabe – aber wahrscheinlich die einzige Möglichkeit.

Frau B. (52) berichtet im Rahmen einer Intervention wegen einer Ehekrise: »Mit das Schlimmste an der jetzigen Situation ist, dass ich gemerkt habe, dass ich tief drinnen die gleiche Angst vor dem Altwerden habe, wie ich sie an meiner Mutter gesehen habe. Dass unsere Eheprobleme gar nicht mit meinem Alter zu tun haben, sondern mit den Problemen meines Mannes, der sie mir unterschiebt. Und ich sie auch noch annehme, weil meine Mutter mir das so mitgegeben hat: ›Spätestens ab 40 bist du abgeschrieben als Frau!‹ Dabei denke ich gar nicht so – und ich bin auch nicht so.«

Die reproduktive Fruchtbarkeit fällt mit der Menopause endgültig weg, Lust und Begehren verändern sich – und das in individuell unterschiedlicher und zunächst unabsehbarer und deshalb beunruhigender Weise. Manche wechseljahresbedingten Körperveränderungen, wie etwa die vaginale Trockenheit, können beispielsweise den Sexualverkehr unangenehm stören. Vor allem aber können die bislang ungewohnten Altersveränderungen des Körpers Schamgefühle und Unsicherheit hervorrufen, die das Selbstwertgefühl der Frau empfindlich irritieren. Auch hier findet sich eine Ähnlichkeit zur Adoleszenz, in der die eigene Körperlichkeit erst positiv besetzt werden muss, wenn Unsicherheit und Scham sich in Lust und Begehren wandeln sollen. Trotz aller sexueller Emanzipation und angeblicher gesellschaftlicher Affirmation des Alters stellt sich für alternde Menschen nach wie vor die Frage, wie sexuelle Lust und erotisches Begehren mit einem alternden und alten Körper erlebbar sind und wie sie sich im Privaten wie im öffentlichen Raum ausgestalten und leben lassen.

Vera King (2001) hat in verschiedenen Arbeiten die besonderen Entwicklungsanforderungen herausgearbeitet, die sich der Adoleszenten stellen – insbesondere auch im Zusammenhang mit hysterischen Abwehrmechanismen bei konflikthafter Verarbeitung. Sie beschreibt differenziert, wie sich in der Adoleszenz das Gleichgewicht zwischen Selbst und Anderem ausgleichend, differenzierend und integrativ herausbildet. Die Sehnsucht nach Nähe und Bezogenheit muss unter den sowohl aufregend-erregend, narzisstisch befriedigend wie beängstigend und sogar (ver-)störend erlebten körperlichen Umstellungen unter dem Einfluss der unbeeinflussbaren hormonellen Einwirkungen sich in verträglicher Weise mit Abhängigkeitsängsten ausbalancieren. In der Adoleszenz stellen Schwankungen und Polarisierungen zwischen »Sein und Schein, zwischen Wissen und Nichtwissen, Allmachtsfantasie und Entwertung, homosexuellen und heterosexuellen Wünschen, Verschmelzungswünschen und narzisstischem Rückzug, unersättlicher Gier und strenger Askese, die je von sich nichts wissen wollen« (King 2001) die typische Hintergrundfolie des Erlebens dar.

Das Erleben der Wechseljährigen kann durchaus ähnlich gesehen werden – gewiss nicht so pointiert, doch nicht minder dynamisch –, möglicherweise sogar mit der gesammelten Lebenserfahrung noch dichter, »schwergewichtiger« und nachdrücklicher. Denn für manches, selbst für polarisiertes Erleben gibt es vor dem Hintergrund von über 30 vorausgegangenen Jahren auch realistische Bestätigung. Die Lebensanschauung speist sich jetzt nicht mehr hauptsächlich aus Fantasien über sich selbst, das Leben, die Liebe oder die Männer. Das Realitätsprinzip, welches sich in der Adoleszenz erst noch herausbildet, ist im Klimakterium sicher bei den meisten Frauen fest verwurzelt. Sie wissen aus Erfahrung, wie trotz aller offizieller, politisch korrekter Worte alternde Frauen entwertet werden: von der Gesellschaft, von Männern und nicht zuletzt von Frauen selbst. Jeanne Moreau wird in diesem Zusammenhang folgender Ausspruch zugeschrieben: »Frauen fürchten nicht das Alter. Sie fürchten nur die Meinung der Männer über alte Frauen.«

Ent-Täuschungen

Die Arbeiten von Gereon Heuft (Heuft et al. 1995, Heuft et al. 2006) und Johannes Kipp (Kipp 2001) zeigen, wie sich im Laufe der Entwicklung die psychische Bedeutung des Körpers verändert und wie mit den Jahren der Körper als »somatogene Organisator« das seelische Leben beeinflusst, jedoch auch zu einem wichtigen Entwicklungsmotor im Alter werden kann.

Die Wechseljahre bedeuten eine körperlich ausgelöste, erneute intensive und unausweichliche Auseinandersetzung mit dem Körper. Das Körperschema macht sich in seiner Funktion als somatogener Organisator erneut deutlich bemerkbar, und die dem körperlichen Erleben folgenden psychischen Erfahrungen binden einen Großteil seelischer Energie. In dieser Lebensphase gilt es, erneut Integrationsaufgaben zu leisten, um ertragen zu können, dass somatische Funktionen wie die Periodenblutungen als Zeichen der Weiblichkeit/Fruchtbarkeit, die einst durch seelische Arbeit integriert werden mussten, nun unaufhaltsam verschwinden, ihr Verlust muss nun verarbeitet werden.

In der Adoleszenz war die Erfahrung zu bewältigen, dass die monatliche

Blutung nicht ein Anzeichen von Versehrtheit, für Gefahr oder für Krankheit im Körperinneren ist, sondern im Gegenteil Hinweis auf einen Zuwachs an Potenz. Das Klimakterium nun fordert das früher Integrierte und als wertvoller Beweis der eigenen Weiblichkeit Eroberte unabänderlich zu verlieren. Oft sind begleitend noch weitere Hinweise auf die eigene Vergänglichkeit spürbar, seien es Krankheitsfolgen, die bekannten normalen Alterserscheinungen oder altersbedingte körperliche Schwächen. Das Körper-Selbst ist heutzutage aber in den Wechseljahren meist noch weit vom Gefühl, »alt« zu sein, entfernt. Frauen um die 50 befinden sich tatsächlich mitten im aktiven Leben, sei es beruflich oder privat.

Dieses weite Auseinanderklaffen des von Körper-Selbst und Körperschema vermittelten Erlebens und die damit verbundenen emotionalen Schwankungen – physiologisch noch verstärkt durch die Schwankungen des biochemisch stimmungsstabilisierenden Östrogenspiegels – stellt heutige Frauen vor eine verschärfte Variante der Entwicklungsaufgabe »Altern«, die sich von der früherer Generationen unterscheidet. Allein die Verschiebung um rund zehn Jahre, in dem viele Frauen noch Kinder bekommen, bedeutet, dass mit 50 viele Frauen keineswegs vor dem »leeren Nest« stehen, sondern sich mitten in den Auseinandersetzungen mit dem pubertierenden Nachwuchs finden. Mutter und Tochter ringen gleichzeitig mit unterschiedlichen Varianten desselben Themas – der Weiblichkeit –, was es weder für die Töchter noch für die Mütter leichter macht. Konkurrenzkämpfe untereinander und solche um Unabhängigkeit und Selbstbestimmtheit in Abgrenzung gegeneinander werden dadurch umso schärfer pointiert und kosten entsprechend viel psychische und physische Energie.

Der Verlust der Fruchtbarkeit beinhaltet auf phantasmatischer Ebene die Erfahrung einer Leerstelle im Leibesinneren, die nicht mehr in Verschmelzung mit dem Anderen intimer, verlockender, fantasieerfüllter, kreativer Ort des Dritten – das heißt auch konkret eines Kindes – werden kann. Denn der Besitz regenerativer Potenz bedeutet für Frauen heute auf verschiedenen Ebenen Macht über das Leben. Sie besitzen einen besonderen Wert als Schöpferin des Lebens und mit der Verfügungsgewalt über die Verhütung können Frauen ihre Fruchtbarkeit auch bestimmen und manipulieren. Auch das hat Nachteile, die aber hier nicht zur Diskussion stehen sollen.

Frau C. (55) berichtet während einer Wechseljahrekonsultation: »Ich bin ja kinderlos. Und ich lebe inzwischen wirklich gut damit. Es war lange Jahre ein wirklicher Kummer für mich – aber dann war es auch gut. Doch jetzt, wo ich endgültig keine mehr bekommen kann, bin ich mit einem Mal so unendlich traurig und fühle mich hohl und unnütz. Keiner will mir das glauben – die Kolleginnen nicht, meine Freundinnen nicht und schon gar nicht mein Mann. Ich verstehe mich selbst nicht!«

Vergeht die reproduktive Fruchtbarkeit mit dem Alter, ist das aber nicht mehr zu verändern, was eine nachhaltige narzisstische Kränkung bedeutet, die nur mit einem Gutteil Enttäuschung und Wut verwunden werden kann, um den endgültigen Abschied mit einer angemessenen Trauer einleiten zu können. Die Menopausale steht vor der durchaus vielversprechenden Aufgabe einerseits eine neue, abstraktere Vorstellung von ihrer Fruchtbarkeit zu entwickeln, die sich günstigstenfalls fruchtbringend auf die soziale oder geistige Ebene oder auf die Beziehung verschieben ließe. Andererseits steht an, im Körper-Selbst eine Vorstellung von lustvoller Weiblichkeit ohne Fruchtbarkeit zu entwickeln, wenn nicht der innere Ort der Gebärmutter »(bedeutungs-)leer« bleiben soll. Dies ist auch eine der wichtigen psychischen Aufgaben, vor der hysterektomierte Frauen (d.h. nach Gebärmutterentfernung) stehen und die bei Schwierigkeiten zu vorübergehenden depressiven Zuständen führen kann. Erfahrungen mit einem unfruchtbaren weiblichen Leib gab es nur in der Kindheit und dort anzuknüpfen würde eine weitgehende und unfruchtbare Regression bedeuten.

Ein Gefühl körperlicher und seelischer innerer Leere bis hin zur Depressivität ist für viele Frauen in den Wechseljahren zumindest vorübergehend wohlbekannt. Vor allem für selbstbewusste Frauen ist dies unerwartet und die weder realistisch noch im engeren Sinne neurotisch zu begründende Unsicherheit führt zu Irritierbarkeit, Selbstunsicherheit im Wechsel mit kontraphobischer oder ärgerlich getönter Sicherheit, Antriebslosigkeit und Hyperaktivität, Unwohlsein und Fremdheitsgefühl im eigenen Körper, Schlafstörungen und Schwierigkeiten zu entspannen. Unzufriedenheit mit der Figur ist nachgerade eine typische Erlebens- und letztlich Verarbeitungs- und psychische Integrationsweise in der lebensgeschichtlich bedeutenden Durchgangsphase des Wechsels. Diese Gefühle lassen sich auch nicht vermeiden – es gibt keine Vorbeugung – ebenso wenig wie sich die Not der Pubertät vermeiden lässt.

Leider ähneln aber all diese Veränderungen auch typischen Symptomen der hysterischen Neurose, die dort aber mit der Not zur Verhüllung, Verleugnung und Dissoziation bei tiefer neurotischer Verunsicherung über das weibliche Selbst und den Selbstwert zusammenhängen. Diese Ähnlichkeit führt oftmals zur Verkennung der Situation und zur Entwertung der Frau durch den Mann – übrigens auch in professionellen Zusammenhängen.

Nicht nur im Selbstverhältnis erzwingen die Wechseljahre ein Innehalten und Überdenken der eigenen Position, wenn eine Weiterentwicklung und Integration möglich werden soll, sondern auch im Verhältnis zum Anderen. Das bedeutet etwa im Bereich der Sexualität manche zunächst verwirrende Umstellung. Physiologisch kommt es im Klimakterium zu Schwankungen der in den Jahren der Geschlechtsreife zyklisch sinkenden und steigenden Östrogenspiegel (der in einem bestimmten Verhältnis zu den Gestagenen steht) durch die Minderung der Östrogenproduktion in den Eierstöcken. Aus den vorhandenen Östrogenvorstufen im Fettgewebe bilden sich außerdem geringe Mengen an Androgenen, die in den Wechseljahren dann verhältnismäßig die Östrogene überwiegen. Dies kann Folgen für das Lustempfinden haben, welches dadurch physiologisch gesteigert wird. Eine solche Körpererfahrung, die – zugespitzt beschrieben – für manche Wechseljährige daraus folgen kann, ist für sensitive Frauen in hohem Maß verwirrend, weil es nicht zusammenpasst, mehr Lust in einem nicht zur Lust bereiten Körper zu erleben. Treten solche Veränderungen ein, bedarf es erst der somatischen und psychischen Neudefinition. Genitale Sexualität kann zeitweilig als »zu viel und zu nah« in dieser Lebensphase empfunden werden, da sie zunächst ein Moratorium auf der Schwelle zu der neuen Lebensphase benötigt. So kann die sexuelle Vereinigung – auch hier wieder unübersehbare Ähnlichkeiten zur Adoleszenz – Ängste vor Verschmelzung und damit verbundenem Selbstverlust oder vor aggressiver und destruktiver Invasion auslösen und den Wunsch nach vorsichtiger sexueller Begegnung und nach mehr Zuwendung in Form von Gehalten-Werden, Streicheln und Zärtlichkeit in den Vordergrund rücken. Impulse zur Selbstabgrenzung können zum Schutz eines irritierten Selbst in dieser Phase auch zum vorübergehenden Ausschluss des Anderen und zur Zurückweisung des Partners führen, insbesondere wenn die körperlichen Veränderungen mit Schmerzen bei genitaler Begegnung verbunden sind. Die – im Gegensatz zur Adoleszenten – für die erwachsene Frau hilfreiche und angstbindende Vorstellung vom »Objekt im Körper«, also der Möglichkeit eines Dritten im eigenen Leib, der die Intrusion durch den Anderen verhindert, fällt ja mit der Menopause als reale Lösung weg (King 1999). Erst mit Integration destruktiver Ängste wird es möglich, die aggressive Intrusion des Anderen lustvoll mit Inkorporationsverlangen zu besetzen und somit förderlich zu sublimieren.

Quo vadis?

Altern stellt uns vor spezifische Herausforderungen, die körperliche und seelische Belastungen mit sich bringen. Das ist an sich ein Allgemeinplatz, doch scheint die Erfahrung der unzähligen Generationen vor uns nichts an der Anstrengung des Alterns verändert zu haben. Älterwerden ist ab den mittleren Lebensjahren nicht mehr ausschließlich mit narzisstischem Zugewinn versüßt, sondern bedeutet, ertragen zu lernen, dass Verluste und Endgültigkeit in Zukunft zum Leben gehören. Verleugnung liegt in dieser Situation nahe, die als gesunde Abwehr immer wieder hilft, das Selbst zu stabilisieren, welches vor der Aufgabe einer inneren Umstrukturierung steht.

Für Frauen ist das Altern nachdrücklicher mit Erfahrungen von Körper-lichkeit verbunden – ihr ganzes Leben lang haben Frauen einen intensiveren Zugang zur Körperlichkeit als Männer. Entsprechend einschneidend werden die Wechseljahre als Moratorium zur nächsten Lebensphase empfunden, sie können dazu aber auch bewusst genutzt werden. Die kränkende Mühsal der Beschäftigung mit Begrenztheit und Endlichkeit hebt das nicht auf. Doch kann am Ende der Wechseljahre – wenn sie als Reifungsprozess erfahren und gelebt werden, eine Hingabe an die Unabänderlichkeiten des Lebens mit einem großen Zugewinn an Innerlichkeit, Bewusstheit, Intensität des Erlebens, Ausdrucksfähigkeit und Kreativität im weitesten Sinne stehen (Sies u. Nestler 1992). Auch die Beziehungsfähigkeit, die seelische und körperliche begehrende Innigkeit zwischen den Geschlechtern kann in Anerkennung der Verschiedenheit des Anderen vom Altern wahrhaftig profitieren – bei Frauen und Männern gleichermaßen.

Zum Schluss sei noch ein Zitat von Sylvia Bovenschen angeführt: »Das ist bekannt: eine ältere Frau ist jünger als eine alte Frau. Wie groß muss doch die Angst vor dem Alter sein, dass sie sogar die Grammatik vergewaltigt« (Bovenschen 2006).

Literatur

Bovenschen S (2006) Älter werden. Frankfurt am Main (Fischer).

Heuft G, Kruse A, Nehen HG (1995) Interdisziplinäre Gerontopsychosomatik. München (Urban und Vogel).

Heuft G, Kruse A, Radebold H (2006) Lehrbuch der Gerontopsychosomatik und Alterspsy-chotherapie. 2. Aufl., München (Reinhardt).

King V (2001) Hysterie und weibliche Adoleszenz. Forum Psychoanal 17: 235–250.

Kipp J (2001) Hysterische Symptome und der Körper im Alter. Z Psychosom Med Psychother 47(2): 167–178.

Sies C, Nestler V (1992) Die psychische Realität der wechseljährigen Frau zwischen Illusion und Wirklichkeit. Psyche 46: 366–387.

Korrespondenzadresse:
Dr. Ingeborg Lackinger Karger
Am Rittersberg 47
D–40595 Düsseldorf
E-Mail: *lackingerkarger@nexgo.de*
Homepage: *www.dr-med-ilk.de*

Bedrohte Männlichkeit im Alterungsprozess

Bertram von der Stein und Richard Kretzer (Köln)

Zusammenfassung

Anhand der Therapie eines 62-jährigen Migranten, der unter multiplen Belastungsfaktoren leidet, die seinen Alterungsprozess zuspitzen, möchten wir am Leitfaden auch unserer Gegenübertragungsfantasien auf ubiquitäre Ängste der bedrohten Männlichkeit im Alterungsprozess hinweisen. Der Hausarzt, der im Sinne der psychosomatischen Grundversorgung nahe am Körper arbeitet, ist bedeutungsvoll für eine ganzheitliche Stabilisierung und unterstützende Führung von Patienten gerade dann, wenn die Abwehr, sich psychotherapeutisch behandeln zu lassen, bei diesen zunächst unüberwindlich sind. Empathisches Verständnis und nicht-intrusives Deuten gegen den Willen des Patienten können wertvolle Formen der Vorbereitung und Ergänzung einer Psychotherapie sein. Der Behandlungsverlauf wird hier zuerst aus der Perspektive des internistischen Hausarztes, dann aus der des Psychotherapeuten beschrieben. Gerade bei Älteren kann eine solche Zusammenarbeit von Hausarzt mit dem Fachpsychotherapeuten besonders wichtig sein.

Stichworte: erektile Dysfunktion, Scham, Narzissmus, Tabu, Männer

Abstract: Threatened masculinity during the aging process

On the basis of the therapy for a 62-year-old migrant suffering from multiple exposure factors culminating his aging process, we want to point out ubiquitous fears of threatened masculinity during the aging process by means of the guideline of our countertransference fantasies, as well. The general practitioner, who works close to the body in terms of psychosomatic basic care, is significant for a holistic stabilization and supportive guidance to the patient, especially when their denial of being treated psychotherapeutically seems to be insurmountable. Empathic understanding and non-intrusive interpreting against the patient's will can be valuable forms of preparation and can complement psychotherapy. First, the course of treatment will be described from the perspective of internal specialist and then from a psychotherapist's view. This kind of cooperation between a general practitioner and a specialized psychotherapist can be particularly important especially when dealing with the elderly.

Key words: erectile dysfunction, shame, narcissism, taboo, men

Einleitung

Seit frühen Tagen der Menschheit hat man den Sexualorganen eine besondere Bedeutung zugewiesen. In früheren Kulturen wurden sie religiös verehrt, und man glaubte, dass sie magische Kräfte besäßen. Im 19. und 20. Jahrhundert bis zur »sexuellen Revolution« der Nach-68er-Bewegung wurde der direkte Bezug abgewehrt, galten sie als schmutzig und die Beschäftigung mit ihnen in der Öffentlichkeit als beschämend. Auch heute in aufgeklärten Zeiten überschreitet man mit dem direkten Ansprechen in vielen gesellschaftlichen Situationen eine Tabuzone.

Während heute zwar offen von Sexualität gesprochen wird, ist es für Männer immer noch ein Tabu, über eigene sexuelle Defizite, wie über die eigene erektile Dysfunktion, zu sprechen. Es gibt zahlreiche entwertende Verballhornungen in der Vulgärsprache. Der Begriff Schlappschwanz ist noch einer der mildesten. Zahlreiche Erkrankungen von alten Männern werden durch Impotenz und erektile Dysfunktion begleitet, wie z. B. Herz-Kreislauferkrankungen, behandelte Prostatakarzinome, Diabetes mellitus etc. In diesem Artikel sollen anhand eines Beispiels die Problematik genauer geschildert und außerdem Wege zu einem besseren Verständnis für Ärzte und Psychotherapeuten aufzeigt werden. Die Erfahrungen sowohl des internistischen Hausarztes als auch des Psychoanalytikers, die sich im therapeutischen Alltag sinnvoll ergänzen sollten, fließen hier ein.

Die Perspektive des Hausarztes (Kretzer)

Der Patient wird seit 25 Jahren in meiner internistisch-hausärztlichen Praxis behandelt. Eine solch lange Behandlungszeit ist für einen Hausarzt in einer Großstadt eher die Ausnahme.

Erstkontakt vor 25 Jahren

Ein mürrischer, finsterer Geselle tritt mir entgegen. Greift er mich plötzlich an? Nimmt er in Mimik und Gestik eine bedrohliche Haltung ein, weil er sich selbst bedroht fühlt? Im Gespräch mit ihm gewinne ich das Gefühl, dass der zunächst mürrische Patient mir seine geistige Überlegenheit deutlich machen will, eine unausgesprochene Feindseligkeit und Rivalität steht im Raum. Mir wird klar, er hat Angst und will Angst verbreiten: Respektiere ich ihn, so respektiert er mich.

Die erste Kontaktaufnahme mit mir erfolgte wegen einer rezidivierenden Gastritis, einem LWS-Syndrom und einer Stomatitis aphtosa (d.h. einer Mundschleimhautentzündung). Sehr auffällig waren die rasche Chronifizierung dieser Leiden und das schlechte Ansprechen auf übliche Therapien.

Vorgeschichte und Krankheitsverlauf

Der Patient ist in der Osttürkei geboren. Bereits in früher Jugend wurde er schwer traumatisiert, als sein Vater offenbar politisch motiviert gewaltsam umgebracht wurde. Er fühlt sich als Kurde, einer Minderheit im eigenen Land angehörig. Seine Vorgeschichte bleibt unklar, erzählt im Laufe der Zeit zwei divergierende Versionen: Nach der ersten Version hat er unter sozial schwierigen Umständen in der Türkei Mathematik studiert und ist Mathematiklehrer. Nach der zweiten ist er, nachdem er in Izmir einige Zeit in der Kfz-Werkstatt eines Verwandten gearbeitet hatte, Mitte der 70er Jahre nach Deutschland ausgewandert. Hier sicherte er mit Fleiß, Beharrlichkeit und mit flüssigen deutschen Sprachkenntnissen die wirtschaftliche Existenz seiner vierköpfigen Familie.

Als die oben geschilderte Mundschleimhautentzündung in eine rezidivierende schmerzhaft ulcerös-phlegmonöse Stomatitis überging und ähnliche aphtöse Hautveränderungen im Genitalbereich auftraten, war trotz des Fehlens ophtalmologischer Befunde das Vorliegen eines Morbus Behcet greifbar. Das Krankheitsbild ist charakterisiert durch eine Gefäßentzündung mit Befall venöser und arterieller Gefäße der Haut, der Schleimhäute und der Augen. Es treten Aphten im Mundbereich und an den Genitalien auf, Schluckstörungen und Störungen des Magen-Darmtraktes sind häufig. Die Krankheit kommt gehäuft in der Türkei und in Japan vor. Es handelt sich um eine Autoimmunkrankheit, die durch eine positive HLAB–51–Serologie sicher diagnostiziert werden kann. Die Prognose ist bei männlichen Patienten und frühem Erkrankungsbeginn ungünstig.

Die ihm stets präsente Autoimmunerkrankung mit den genitalen Symptomen und eine schwere koronare Herzkrankheit führten im Laufe der Jahre zu Spannungszuständen und Versagensängsten, die er als akute Bedrohung erlebte. Er machte in der Sprechstunde nur vage Andeutungen über genitale Probleme, blockte aber sofort ab, wenn ich die Problematik näher zu präzisieren versuchte. Fantasien meinerseits, was seine attraktive und über zehn Jahre jüngere Frau wohl macht, wenn sie durch den Park joggt, und wie es ihm wohl dabei ergeht, lassen den Rückschluss zu, wie schwierig für ihn Rivalitätssituationen sind. Ich möchte nicht mit ihm tauschen.

Seit er kränker geworden ist, zieht er sich mehr und mehr zurück, er besucht nie sein Heimatland, duldet aber den Urlaub der übrigen Familie in der Türkei. Die Neigung, sich zu isolieren, scheint parallel damit zu gehen, dass er eine mächtige Krankenrolle einnimmt. Kuraufenthalte wegen einem Magenulkus und wegen einer Refluxkrankheit führen ebenso wenig zur Beschwerdeminderung wie die kontinuierliche spezifische Therapie des M. Behcet mit Kolchizin und mit niedrig dosiertem Kortison.

Nach Jahren trat eine koronare Dreigefäßerkrankung auf, eine Stentimplantation war notwendig. Dadurch nahmen die Todesängste zu und das Selbstwertgefühl ging weiter zurück. In der Reha klagte er erstmals über eine erektile Dysfunktion. Schamhaft und sehr indirekt bat mich der Patient dann um die Beendigung der in der Reha begonnenen Behandlung mit Betablockern. Bekanntermaßen wirken Betablocker ungünstig auf die Erektionsfähigkeit. Mir wurde klar, dass es ihm um die erektile Dysfunktion ging, er wagte jedoch nicht, dieses Problem direkt anzusprechen, bis ich sagte: »Ich weiß, was sie meinen ...« Darauf der Patient: »Reden wir nicht drüber, sondern hoffen wir!« Ich antwortete: »Vielleicht gibt es ja auch Probleme, die dahinter stehen. Vielleicht könnte Ihnen eine Psychotherapie helfen.« Darauf fällt der Patient in ein etwas gebrochenes Deutsch zurück und sagt: »Nichts steht, steht nicht an Psychotherapie!«

In den darauffolgenden Jahren entwickelte sich zwischen uns ein tabureicher nonverbaler Dialog. Er gab mir zu verstehen, dass es ein unausgesprochenes Verständnis der Männer über Ängste gibt, von Frauen wegen körperlicher Schwäche und Impotenz verlassen zu werden. Mehrfache vorsichtige Versuche, darüber zu sprechen, scheiterten, zu groß war offenbar für ihn die demütigende Vorstellung, dass man ihn als Mann nicht mehr brauche. Fragen nach erlebter Sexualität beantwortete der Patient mit der Floskel: »Darüber möchte ich nicht reden!«, oder mit energischeren Zurückweisungen wie: »Ein sexuelles Desinteresse hat nie bestanden!«, dann aber wieder: »Sie wissen, was mir fehlt.« Darauf meine Intervention: »Wasch mich, aber mach mich nicht nass!«, worauf der Patient mit feinem Lächeln reagierte: »Ja, Herr Doktor, sie schaffen das!« Darauf ich: »Das ist unlösbar!« Die Antwort des Patienten war: »Sie als Arzt haben die Macht dazu!« Ich spürte meine Ohnmacht, meine medizinische Impotenz und merkte sehr deutlich, dass der Patient seine eigene innere Problematik auf mich verschob. Das ist eigentlich eine Aufgabe für einen Psychotherapeuten, dachte ich und sagte: »Wollen Sie nicht doch lieber eine Psychotherapie machen?« Darauf der Patient: »Nein, die sind nur ohnmächtige Schwätzer«.

Braucht der Patient einen ohnmächtigen Arzt, wie er seinen Vater, als er hingerichtet wurde, ohnmächtig erlebt hatte? Demonstriert er mit seinem körperlichen Verfall seine ängstigende Grundproblematik? Zwar halte ich mich als Internist von irgendwelchen wilden Deutungen fern. Sie lagen mir in diesem Fall nahe, da es in der Auseinandersetzung mit ihm immer um den Verfall des männlichen Körpers ging. Obwohl ich selbst weitgehend gesund bin, bedrängten auch mich Gedanken über nachlassende Kraft und Gebrechlichkeit. Ich entschloss mich, bei dem Patienten abzuwarten, vielleicht könnte ich ihm wirklich helfen, wenn er eines Tages soweit wäre. Bis dahin blieb es beim merkwürdigen Nichtdialog der wortlosen Übereinstimmung, in dem ich mich wie der Schatten seines Vaters verstand.

Eines Tages war es soweit: Der Patient sollte von seinem Arbeitgeber in den Vorruhestand geschickt werden. Er empfand dies als schwere Kränkung. Von diesem Zeitpunkt an kam es zu einer auffälligen Beschleunigung seines Alterungsprozesses. Nicht nur der Ehefrau und den beiden Kindern, sondern auch mir – er kontaktierte mich jetzt regelmäßig in zweiwöchigen Abständen – fielen sein langsamer Gang, die vornüber gebeugte Haltung und der mürrische Gesichtsausdruck auf. Auch die Hausmitbewohner, das Praxispersonal und die Arbeitskollegen erlebten die sprunghafte Involution somatischer und kognitiver Aktivitäten als sonderbar. Die Familie zog sich bis auf die Tochter mehr und mehr von ihm zurück, die Ehefrau schien die Oberhand zu gewinnen, sie wolle von der in Aussicht gestellten Abfindung eine Eigentumswohnung in Ankara kaufen, während er selbst in Deutschland bleiben will.

Als er registrierte, dass man ihm nahe legte zu gehen – als Schwerbehinderter hatte er das Recht, in Rente zu gehen –, nahm sein Kränkungserleben derart zu, dass er freiwillig um eine Überweisung zum Psychotherapeuten bat mit der kurzen Bemerkung: »Jetzt ist es soweit!«

Tiefenpsychologische Einzel- und Gruppenpsychotherapie (von der Stein)

Zu Beginn der Therapie verhielt sich der Patient, jetzt 59 Jahre alt, mir gegenüber mürrisch, unterschwellig feindselig, kontrollierend und rivalisierend, er war dabei sehr selbstunsicher. Der finstere Geselle trat auch mir entgegen. Ich kämpfte mit meiner aggressiven Gegenübertragung, allerdings auch mit einer Besorgnis, die vermischt war mit Erinnerungen an das Erleben eigener Bedrohtheit, Ohnmacht und Beschämung. Nach einiger Zeit baute er trotz dieser Anfangsproblematik eine tragfähige Beziehung zu mir auf. Zunächst vermied er, über aktuelle Konfliktlagen zu sprechen, und entwarf ein romantisierend-idealisiertes Bild seiner Kindheit. Er erzählte, wie er als ca. 8-jähriger Knabe mit seinem Vater einen mehrtägigen Fußmarsch durch das kurdische Bergland unternahm, um seine Großmutter zu besuchen. »Spuren im Schnee« nannte er mehrfach mit seinen fast poetischen Assoziationen dieses gemeinsame Erleben mit dem Vater. Dass der Vater eine idealisierte Lichtgestalt vor einer idealisierten Schneelandschaft blieb, wurde so klar. Immer kurz nach Erinnerungen aus alten Zeiten, meist ohne kausale Verknüpfung, erwähnte er den Hausarzt. Auch mir gegenüber entwickelte er allmählich eine idealisierende Übertragung mit kontrollierenden Zügen.

Es gelang mir anfangs vor lauter Vateridealisierung nicht, etwas über die Mutter zu erfahren. Dann wurde aber das klischeehafte Bild einer armen Witwe aus einem islamischen Land allmählich sichtbar, dem Züge einer zwanghaft kontrollierenden und intrusiven Mutter hinzugefügt wurden. Vorsichtig deutete er an, eine gewisse Scheu vor bestimmenden Frauen zu haben. Deshalb sei sein beruflicher Status für ihn immer sehr wichtig gewesen. Zudem offenbarte sich seine Tendenz, sich in eine Welt von poetischen Tagträumen bei den äußerlich wenig erfreulichen Lebensumständen durch seine chronische Erkrankung zurückzuziehen. Inwieweit seine Darstellung, er sei Mathematiklehrer, eher Ausdruck eines fantasierten Ich-Ideals ist, blieb offen. Fest stand indes, dass er immer stärker unter seinem Kontaktmangel litt. Seine Schwierigkeiten, mit Männern zu rivalisieren, sprach er aber erst nach einigen Wochen offen an.

Deshalb nahm er das Angebot an, in eine analytische Gruppentherapie für Ältere zu kommen. In der Gruppe brachte er sich zu Anfang intellektualisierend ein und spielte gegenüber einigen Gruppenmitgliedern seine geistige Überlegenheit demonstrativ aus. So geriet er vor allem mit Männern in von unterschwelliger Entwertung bestimmte Rivalitätssituationen. Besonders mit einem pensionierten Studienrat verwickelte er sich heftig, zumal er in ihm mit seinem beruflichen Ich-Ideal konfrontiert wurde.

In einer Gruppenstunde kam für ihn die entscheidende Wende: Eine ältere Krankenschwester, die auch Missbrauchserfahrungen hatte, sprach darüber, wie sie sich nach einer Brustamputation infolge eines Mammakarzinoms entwertet fühle, sie schäme sich vor ihrem Mann. Zusätzlich zur Todesangst, die durch die Krebserkrankung ausgelöst wurde, wurden auch ältere Ängste und die Erinnerung an eine Traumatisierung bei ihr reaktiviert. In der an diesem Tag sehr kleinen Gruppe von nur drei Patienten äußerte sich der pensionierte Studienrat, der Rivale des Patienten, dann zögerlich und schamhaft über seine Potenzstörungen, sie hätten sich nach einem Herzinfarkt eingestellt. Vorsichtig, kaum hörbar bemerkte der Patient, dass er die beiden Anderen gut verstehen könne, er habe ähnliche Probleme. Im Zusammenhang mit einem Bericht über die Ermordung seines Vaters stellte er halb ironisch fest, der M. Behcet sei der Fluch der Türken. In dieser Gruppenstunde berichteten beide alten Männer, dass sie eine Vielzahl von Altersgenossen kennen, die mit dem angeschnittenen Tabuthema Probleme hätten, da gebe es eine große Dunkelziffer.

Nach dieser Gruppenstunde bat der Patient um eine Einzelstunde, in der er dann über seine Ängste vor Entwertung und den Verlust seines Status reflektierte. In dieser Stunde war er ungewöhnlich offen und sprach in Andeutungen über seine genitalen Ulzerationen und seine mit der Impotenz einhergehenden Angst, von seiner Frau entwertet und verlassen zu werden. In der nachfolgenden Gruppenstunde, an der zwei weitere Männer teilnahmen, versuchte der Studienrat vergeblich, das Thema aufzugreifen. Eine Intervention meinerseits, mit der ich eine Brücke bauen wollte, verpuffte wirkungslos. Die Thematik musste in der Gruppe abgewehrt werden. In den Folgestunden fehlten die beiden anderen Männer mit fadenscheinigen Ausreden wieder; einer bat nach drei Wochen um ein Einzelgespräch, indem er verschämt über sein Prostatakarzinom sprach.

Das Durcharbeiten seiner Kastrationsängste und seines narzisstischen Entwertungserlebens leitete eine deutliche Besserung ein. Die Universalität des Leidens als ein Wirkfaktor der Gruppentherapie (Yalom 1996) wurde darin deutlich: Er stand mit seiner schambesetzten Störung nicht allein. Die Anerkennung von unvermeidlichen existenziellen Faktoren und die Hoffnung, dass nach Akzeptanz der Krankheit sich neue Perspektiven eröffnen könnten, spielten eine große Rolle. Hierbei erwiesen sich Übertragungs- und rekonstruktive Deutungen als hilfreich. So konnte er sich sowohl mit seinem überhöhten Vaterideal als auch mit dem Abwehrcharakter seiner ausgeprägten Leistungsbezogenheit vor dem Hintergrund seiner Kränkbarkeit auseinandersetzen. Es scheint, als habe die Minderung seiner Kastrationsängste den ödipalen Verzicht (Gerlach 2002) auf seine Tochter, mit der er eine sehr enge Beziehung hatte, erleichtert. Auch sind offenbar seine Überich-Normen milder geworden.

Diskussion

Natürlich haben sich durch Vaterlosigkeit, enge Mutterbindung, Traumatisierung, Autoaggressionskrankheit und Beschädigung des Penis ausgelöste archaische Ängste, die Männer generell betreffen, bei diesem Mann zugespitzt. Natürlich schafft *auch* die Therapie eines älteren männlichen Migranten für Deutsche komplizierte Übertragungs- und Gegenübertragungssituationen, was eine hohe interkulturelle Sensibilität erfordert. Aber die Gegenübertragungsgefühle von männlichen Behandlern und Mitpatienten, die sich auf ubiquitäre Momente der bedrohten Männlichkeit beziehen, sind ganz offensichtlich universale, nicht auf eine spezielle Kultur beschränkte Phänomene. Vielleicht erhielt der Patient gerade von beiden männlichen Behandlern deswegen Verständnis und Zuwendung.

Hinter den vom Patienten gezeigten Aggressionsaufwallungen scheinen nicht nur ödipale Kastrationsangst, sondern auch frühe Ängste vor narzisstischer Fragmentierung (des Ichs) und existenzieller Vernichtung durch. Im Zusammenhang damit sei an die oft vergessene Feststellung Freuds erinnert, wonach »das Ich vor allem ein körperliches« sei (Freud 1923b). Nach Gerlach (2002) geht es in der Psychoanalyse häufig um eine imaginäre Kastration, also um die Bedeutungen und Folgen von meist unbewussten Fantasien. In der Gegenübertragung kam bei beiden Behandlern der Gedanke auf, mit dem Patienten nicht tauschen zu wollen. Ich wurde an existenzielle Ängste erinnert, die ich als Kind hatte, als ich mich einer Herzoperation unterziehen musste. Inwieweit hier auch die Abwehr homosexueller Tendenzen eine Rolle spielte, konnte ich nicht klären; ich hielt mich mit dem Ansprechen angesichts seiner hohen Kränkbarkeit zurück.

Khan (1979) und Hirsch (1992) wiesen auf die Rolle von pathogenen Mutterbeziehungen hin: Söhne können für Mütter eine andersgeschlechtliche Erweiterung ihres unvollständig empfundenen eigenen Selbst bedeuten. Überschätzung und Idealisierung stehen dann anstelle von echten Objektbeziehungen. Nicht nur bei diesem älteren Mann hat wohl die nahe Mutter ein Schreckensbild des fernen Vaters (Aigner 2001) entworfen, um sich gegen den Sohn durchzusetzen. Dadurch ist eine Bindung zur Mutter entstanden, die Bowlby (1976) als Angstbindung bezeichnet. Hierin können nach Olivier (1987) die Wurzeln der Angst vor Frauen und der Frauenfeindlichkeit bei jenen Männern gesehen werden, die von ihren Müttern zu lange festgehalten wurden. Diese Form der ödipal anmutenden, den Vater als Dritten jedoch ausschließenden Mutterbeziehung scheint bei dem Patienten zuzutreffen.

Es ist bekannt, dass Gebrechlichkeit und Impotenz mancher alter Männer frühe archaische Ängste vor der übermächtigen Mutter, der kreativen, gebärfähigen Frau (Bettelheim 1975) und der bedrohlichen Vagina dentata (Vagina mit Zähnen) mobilisieren. Nach Lewin (1989) ist in der phallozentrischen Kultur der Neid der Männer auf den weiblichen Körper in den Untergrund gedrängt worden; es komme deshalb zu einer Genitalisierung des Körpers, bei der der Penis – als pars pro toto – für den Gesamtkörper stehe.

Die Erektion des Körperphallus ist ein exhibitionistischer Akt. Dadurch, dass der Körper zum Phallus wird, soll die Angstfantasie, der Penis sei zu klein und das Geschlecht sei unsicher, kompensiert werden. Ein männliches Körpergefühl zu erhalten war für unseren Patienten schwierig, da sowohl seine körperliche Integrität als auch sein Penis sichtbar beschädigt sind. Generell besteht für Männer bei körperlichen Schädigungen eine ganz offensichtliche Kränkungsquelle, da erektile Dysfunktionen sichtbar sind: Der narzisstisch besetzte, allerdings beschädigte Phallus reicht nicht mehr aus, Ohnmachtsgefühle und Gebärneid abzuwehren. Pseudodominantes Rivalisieren mit anderen Männern ist dann manchmal Mittel der letzten Wahl.

Zur Angst vor der drohenden Kastration kommt die Scham wegen der als Kastration erlebten Schädigung hinzu, die der Patient auch auf der psychosozialen Ebene erlebt und die die Arzt-Patienten-Beziehung belasten kann. Regressionsphänomene treten dann auf, die sich als narzisstisches Agieren zeigen.

Die Angst vor Ohnmacht, Gebrechlichkeit und Impotenz ist allerdings auch bei deutschen Männern, die direkt oder indirekt von der Nazierziehung beeinflusst sind, wie Theweleit (1985) in seinen Büchern *Männerphantasien* darstellt, in Bezug auf den Umgang mit dem eigenen Körper beträchtlich. Zucht, Ordnung und Disziplin können nach krankheitsbedingter Schädigung das bedrohte Selbst nicht mehr retten. Es besteht häufig eine eingeschränkte Fähigkeit, produktiv mit Niederlagen und Verlusten umzugehen, und vor allem die Angst, als schwach bloßgestellt und überwältigt zu werden. Die fassungslose Wut wird dann auch gegen das eigene Selbst gewendet. Obwohl auch bei Frauen im Alter mittlerweile Suizide häufiger werden, ist gerade bei hochaltrigen Männern die Suizidrate erhöht (Teising 1992).

Schlussbetrachtung

Der therapeutische Umgang mit älteren Männern rührt an manche Tabus, ihre Krankheiten sind – wie die früher erlebte Schwäche des Vaters – in der (Eigen-)Übertragung schwer auszuhalten. Gerade bei typischen Erkrankungen wie Herzinfarkt, erektiler Dysfunktion, Prostatakarzinom und zunehmender Gebrechlichkeit sind die Ängste der Männer beträchtlich, sie werden aber häufig bagatellisiert oder nicht angesprochen. Männer haben oft eine größere Schamschwelle über körperliche Erkrankungen oder sexuelle Schamthemen zu sprechen. Externalisiertes Handeln, Berufsbezogenheit, eine auf Angriff eingestellte Rivalitätsbereitschaft, die Tendenz, auf ärztliche und psychotherapeutische Hilfe – manchmal aus Angst vor Statusverlust – zu verzichten, sind weit verbreitete Haltungen. Paradoxerweise unterbinden gerade diese Haltungen und Reaktionen rein biologisch betrachtet die Erektion, da der Erektionsvorgang hauptsächlich vom Parasympathicus gesteuert wird – es kommt dabei zur Erweiterung der Blutgefäße durch die Erschlaffung der glatten Gefäßmuskulatur, sodass der Bluteinstrom in die Hohlräume des Schwellkörpers ermöglicht wird. Das heißt, Erektion setzt gerade Entspannung und nicht Spannung voraus.

Nicht umsonst kann man viele ältere Männer mit Körperschäden dem berühmten Typ-A-Charakter (Rosenmann u. Friedmann 1974) zuordnen. Zu diesem Typ zählen Personen, bei denen Ehrgeiz, Konkurrenz, Ungeduld und ein hohes Potenzial offener oder verdeckter Aggressivität eine große Rolle spielen. Die damit verbundenen körperlichen Bereitstellungsreaktionen zu Kampf und/oder Flucht führen zu häufigen Blutdrucksteigerungen mit negativen Folgen für die Gefäße, sodass bei diesen (in der Mehrzahl Männer) vermehrt Herzinfarkte und Schlaganfälle auftreten.

Empfehlungen für die Praxis

In der Behandlung älterer Männer können Geschlechterklischees, sexuelle Leitbilder und Tabus, die in infantilen Identitätskrisen entstanden, in spezifischen Übertragungen und Widerständen zu Tage treten. Es ist also wichtig, die individuelle Biografie differenziert (auch) vor dem psychohistorischen Hintergrund zu verstehen. Der behutsame Umgang mit schambesetzten Themen im sexuellen Bereich gehört gerade bei alten Männern in einen analytischen Prozess, der sowohl als Schutz wie auch als Grenze fungiert. Solche Gruppenstunden, in denen zwei alte Männer und eine alte Frau ihre geschlechtsspezifischen Verletzungen und schamhaft besetzten Defizite offenbaren, sind selten realisierbar. Wenn solch ein Gespräch aufkommt, ist dies nur in sehr kleinen Gruppen möglich, es wird außerdem selten von Männern initiiert.

In der Psychotherapie werden solche Themen meist nur in Einzelgesprächen oder auch in geschlechtshomogenen Gruppen angesprochen. Gelegentlich werden sicher auch deshalb Wünsche nach einer reinen Männergruppe artikuliert. Generell ist kritisch zu reflektieren, inwieweit männliche Therapeuten aus eigener Angst vor bedrohter Männlichkeit in Übertragung und Gegenübertragung dieses Thema ausklammern. Es gilt, nicht in rivalitätsgetöntes Gegenübertragungsagieren zu verfallen, via projektiver Identifikation als Sohn in der Übertragung destruktive Kraftmeierei zu inszenieren oder die Rollenerwartung einer passiv-brav-versorgenden Tochter umzusetzen, sondern zunächst vorsichtig den Abwehrcharakter zu erfassen und manchmal, mit zeitlicher Verzögerung, Anknüpfungspunkte für eine tragfähige therapeutische Beziehung zu finden. Dies konnte bei dem Patienten erreicht werden.

Nicht nur in der Schule drohen die Jungen unter die Räder zu kommen, auch alte Männer werden mit ihren spezifischen Bedürfnissen oft übersehen. Vor dem Hintergrund, dass mehr Frauen in der Psychotherapie als Männer tätig sind, und der Tatsache, dass in Zukunft mehr Ärztinnen als Ärzte tätig sein werden, ist hierauf besonders zu achten.

Wann ist ein Mann ein Mann? Diese Frage beinhaltet sowohl die Frage nach der Geschlechtsidentität als auch die Aufgabe, diese im Alter erneut zu definieren und zu festigen. Hierbei sollten wir alte und kranke Männer nicht allein lassen! Eine Strophe von Herbert Grönemeyers Song *Männer* bringt die Problematik humorvoll auf den Punkt:

Männer haben Muskeln,
Männer sind furchtbar stark,
Männer können alles,
Männer kriegen nen Herzinfarkt.

Literatur

Aigner JC (2001) Der ferne Vater. Zur Psychoanalyse von Vatererfahung, männlicher Entwicklung und negativem Ödipuskomplex. Gießen (Psychosozial).

Bettelheim B (1975) Kinder brauchen Märchen. 15. Auflage 1981 München (dtv).

Bowlby J (1976) Trennung, psychische Schäden als Folge der Trennung von Mutter und Kind. München (Kindler).

Chamberlain S (2000) Adolf Hitler, die deutsche Mutter und ihr erstes Kind. Gießen (Psychosozial).

Freud S (1912, 1972) Beiträge zur Psychologie des Liebeslebens II. Über die allgemeine Erniedrigung des Liebeslebens. Studienausgabe Bd. V Frankfurt (Fischer) 197–209.

Gerlach A (2002) Kastration. In: Mertens W, Waldvogel B (Hg) Handbuch psychoanalytischer Grundbegriffe. Berlin, Stuttgart (Kohlhammer).

Hirsch M (1992) Mütter und Söhne – Formen von Männlichkeit im Licht der Mutter-Sohn-Beziehung. In: Plüger PM (Hg) Der Mann im Umbruch. Olten und Freiburg im Breisgau (Walter).

Khan M (1983) Die Wiedergutmachung am Selbst als idolisiertem inneren Objekt. In: Khan M (Hg) Entfremdung bei Perversionen. Frankfurt (Suhrkamp).

Lewin BD (1989) Der Körper als Phallus. Psyche 2: 150–170.

Olivier C (1987) Jokastes Kinder. Die Psyche der Frau im Schatten der Mutter. Düsseldorf (Claassen).

Rosenman R, Friedman M (1974) The Central Nervous System and Coronary Heart Disease. In: Insel PM, Moos RH (Hg) Health and Social Environment. Lexinton/Mass (Heath).

Theweleit K (1985) Männerphantasien Bd 1 und Bd 2. Basel, Frankfurt (Stroemfeld/Verlag Roter Stern).

Teising M (1992) Alt und lebensmüde. München Basel (Reinhardt).

Yalom ID (1996) Theorie und Praxis der Gruppenpsychotherapie. München (Pfeiffer).

Korrespondenzadresse:
Dr. med. Bertram von der Stein
Quettinghofstr. 10a
50569 Köln
E-Mail: *Dr.von.der.Stein@netcologne.de*

Peter Joraschky,
Hedda Lausberg, Karin Pöhlmann (Hg.)

Körperorientierte Diagnostik
und Psychotherapie
bei Essstörungen

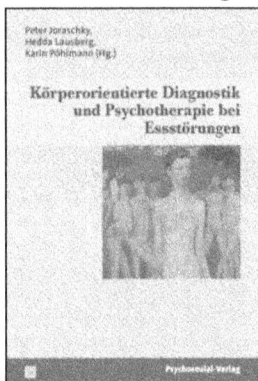

Svenja Taubner

Einsicht in Gewalt

2008 · 293 Seiten · Broschur
ISBN 978-3-89806-813-0

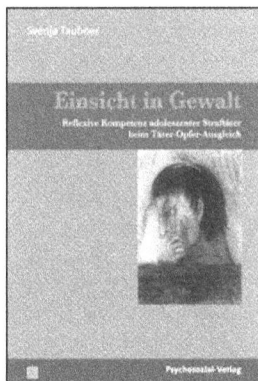

2008 · 349 Seiten · Broschur
ISBN 978-3-89806-878-9

Der Band stellt die neuesten Forschungsergebnisse zur Diagnostik und Behandlung des gestörten Körpererlebens von PatientInnen mit Essstörungen dar. Die Dimension des Körpererlebens als zentrale Störung von PatientInnen mit Anorexia nervosa und Bulimia nervosa ist klinisch gut belegt. Verschiedene diagnostische Zugangswege zu dieser Störungsdimension werden hier differenziert dargestellt. Neben Fragebogenmethoden bestimmen vor allem projektive Verfahren, Einschätzungsverfahren durch Interviews und videogestützte Analysen von Bewegungsverhalten die aktuelle Forschung. Die körperorientierte Psychotherapie hat heute bei der Indikation einen gut evaluierten Stellenwert als erfolgreiche Behandlungsmethode von Essstörungen, sowohl als Hauptverfahren wie in Kombination mit einzel- und gruppenpsychotherapeutischen Methoden.

Das Thema Jugendkriminalität führt oft zu hitzigen Diskussionen, in denen jedoch das Verständnis für die individuellen Schicksale der Betroffenen verloren geht. An der Schnittstelle von Kriminalwissenschaften und Psychologie stellt dieses Buch Einzelfallanalysen von gewalttätigen Jugendlichen mit einer oftmals traumatischen Geschichte ins Zentrum der Untersuchung.

Am Beispiel des Täter-Opfer-Ausgleichs wird mit Methoden der psychoanalytischen Psychotherapieforschung und Bindungsforschung die Auseinandersetzung junger Männer mit ihren Gewaltstraftaten beschrieben. Svenja Taubner arbeitet heraus, dass einseitige Täterzuschreibungen einem Lernprozess entgegenwirken, und stellt Vorschläge für Entwicklungsmöglichkeiten dar.

Walltstraße 10 · 35390 Gießen · Tel. 06 41- 96 99 78 -18 · Fax 06 41- 96 99 78 -19
bestellung@psychosozial-verlag.de · www.psychosozial-verlag.de

Karzinomschmerz – ein dissoziatives Phänomen?

Mechthilde Kütemeyer (Köln-Hürth)

Zusammenfassung

Der Karzinomschmerz weist Paradoxien auf, die gängigen nozizeptiven Schmerz-vorstellungen widersprechen: Initiale Schmerzabwesenheit, dann exzessiver, häufig morphin-resistenter Schmerz, der aber unter bestimmten emotionalen und kommunikativen Bedingungen verschwinden kann. Anhand von Kranken-beispielen wird die Frage erörtert, ob in diesen Fällen der Karzinomschmerz ein dissoziatives Phänomen darstellt. Ein rezeptives, erinnerungsförderndes ärztliches Vorgehen wäre dann indiziert. Die rezeptive Einstellung ist bereits eine Voraussetzung für das Wahrnehmen der dissoziativen Symptome.

Stichworte: dissoziativer Karzinomschmerz, Erinnerungsschmerz, rezeptive ärztliche Haltung, Alphabet der Affekte, Klage als Medikament

Abstract: Pain in malignant disease – a dissociative phenomenon?

Pain in malignant disease shows paradoxes that contradict established noci-ceptive perceptions of pain: initial absence of pain, then more excessive, often morphine-resistant pain that, however, can vanish on particular emotional and communicative conditions. The question if pain in malignant diseases can be considered a dissociative phenomenon in these cases will be discussed on the basis of disease examples. A receptive, memory-aiding medical approach would then be indicated. The receptive attitude is already a precondition of apprehending dissociative symptoms.

Key words: Dissociative carcinoma-pain, memory-pain, receptive medical attitude, alphabet of affects, narrative treatment

Nutzen und Versagen der Tumoranalgesie

Schmerzbehandlung nimmt einen großen Raum in der Onkologie ein. Kein Krebskranker muss unerträgliche Schmerzen erleiden, heißt die Devise. Selbst wenn kausale Therapie nicht mehr möglich, der Tumor nicht zu entfernen ist, bleibt die palliative Analgesie zentrale ärztliche Aufgabe. Es wurden Leitlinien der Tumoranalgesie entwickelt und damit auch restriktive gesetzliche Bestimmungen der Opiatverordnung gelockert. Schmerzbekämpfung ist zum vordringlichen Ziel der Palliativmedizin und Schmerzlosigkeit ihr Erfolgskriterium geworden. Dennoch bleibt die onkologische Schmerzbehandlung in einigen Fällen problematisch, der Schmerz scheint zuweilen allen pharmakologischen Strategien zu trotzen. Gerade diese resistenten Fälle sollen uns hier interessieren. Sie können Anlass sein, konzeptuelle Fragen zuzulassen und über das Wesen des Karzinomschmerzes neu nachzudenken.

Karzinomschmerz – ein paradoxes Phänomen[1]

Der Karzinomschmerz zeigt Besonderheiten, die gängigen Schmerzvorstellungen widersprechen. Er ist von Anfang an ein paradoxes Phänomen: Zunächst irritiert er – selbst bei raschem Tumorwachstum – durch seine Abwesenheit, sodass bei vielen Betroffenen die Frühdiagnose verpasst wird. Im Verlauf setzt dann ein exzessiver Schmerz ein, der gelegentlich auch auf hohe Morphindosen nicht anspricht – so als ob das vorher nicht erlebte Schmerzquantum jetzt nachgeholt werden müsste. Umgekehrt kann ein hartnäckiger Karzinomschmerz unter bestimmten Bedingungen plötzlich – vorübergehend oder anhaltend – verschwinden.

Während eines Gesprächs über den bevorstehenden Tod mit seinem Stationsarzt hatte ein 60-jähriger Handwerker mit inoperablem Magenkarzinom zunächst seine morphinresistenten Schmerzen verloren. Als der Oberarzt ihm jedoch, um ihn zu schonen, baldige Besserung versprach, kehrten die

---

1   Die Beobachtungen, die ich hier zur Diskussion stelle, entstammen dem größeren Kontext einer »sensiblen psychosomatischen Neurologie«, die sich – in Anlehnung an die Neurologen Sigmund Freud (1888, 1893), Kurt Goldstein und Viktor von Weizsäcker (Rimpau 2008) und als Gegengewicht zur apparativen und aktiven Neurologie – auf die körperlichen Empfindungen der Patienten konzentriert (Schwindel, Schmerz, Übelkeit, Müdigkeit, Unruhe), auf die Selbstwahrnehmung und ihre Beziehung zu den Affekten (Kröger 1989, Kütemeyer 2003), auf die subjektiven Aspekte neurologischer Erkrankungen überhaupt (Masuhr u. Neumann 2007, Lamprecht 1979, Kütemeyer u. Masuhr 1981, Kölmel 1984, Kütemeyer u. Schultz-Venrath 1990 und 1996, Kütemeyer et al. 2005). Dieses klinische Projekt erfordert eine rezeptive Haltung, die die Langsamkeit, das Zuhören und die Sprache als kommunikatives Diagnostikum einsetzt, z.B. bei den Auren epileptischer und dissoziativer Anfälle (Rimpau 1999, Schöndienst 2004, Schwabe et al. 2008, Wolf 2005) und bei Schmerzen (Kütemeyer 2003a). In verschiedenen Kliniken wurde so über viele Jahre eine neue Perspektive der Neurologie, Epileptologie und Psychosomatik entwickelt.

Schmerzen zurück. Dieser Wechsel offener und zudeckend-stützender Gespräche wiederholte sich in den folgenden zwei Wochen mehrmals, jeweils mit demselben Effekt der Schmerzbefreiung und der -exazerbation, bis der Patient das Angebot des Stationsarztes zurückwies und, an der Hoffnung auf Besserung festhaltend, unter andauernden Schmerzen starb.

Karzinomschmerz und Kommunikation

Die wichtigsten Erfahrungen, auf denen meine Überlegungen basieren, sind:

1. Eine neunjährige Konsiliararbeit 1976–1984 als Neurologin in der Strahlenabteilung des Klinikums Charlottenburg in Berlin und
2. eine dreijährige Fall- und Team-Supervision (zusammen mit Prof. Köhle) 1986–1988 auf der Palliativstation des Klinikums der Universität Köln (Leiter: Prof. Pichlmaier).

In beiden Bereichen erlebte ich regelmäßig überraschende, dem Fallbeispiel vergleichbare Situationen, die konzeptuelle und diagnostische Fragen aufwerfen. Ist der Karzinomschmerz nur ein organisches, durch den Tumor verursachtes Phänomen, ist er nicht auch, und häufig maßgeblich, durch ganz andere – situative, emotionale, kommunikative – Gegebenheiten bestimmt?

Meist wurden Konsile erbeten, wenn die Schmerzmedikation, selbst hohe Opiat-Dosen, nicht wirkte. Immer wieder ergab sich folgende Szene: Im Verlauf der Schmerzanamnese beginnen die Patienten, weinend über den schmerzhaften Abschied, das Sterben, zu klagen. Ungelöste Lebensklagen werden plötzlich laut: »Ich weiß nicht, wer mein Vater ist, das hat meine Mutter mir nie gesagt!« Oder: »Niemand weiß von meinem unehelichen Kind ... von meiner Vergewaltigung im Krieg.« Ich höre als Ärztin reglos zu, bis die PatientInnen ihre Mitteilungen spontan beenden. Die neurologische Untersuchung kann dann fortgesetzt werden; der Schmerz scheint abgeklungen zu sein.

Einmal ergänzte die Stationsschwester: »Das kennen wir, der Schmerz klingt ab, sobald die Patienten über Schmerzhaftes sprechen können.« Ich vereinbarte in solchen Fällen: »Sagen sie mir Bescheid, wenn der Schmerz wieder auftritt.« Anrufe erfolgten nicht. Nach *einem* Konsiliargespräch war der Schmerz offenbar anhaltend verschwunden oder doch deutlich gemildert. Das bedarf der Erklärung.

Wie war es möglich, dass die PatientInnen der Strahlenabteilung so rasch »über Schmerzhaftes sprechen« konnten und ihre Klage, ihr zentrales Problem vorbrachten? Dies hatte wohl mit der in der Neurologie eingeübten rezeptiven Haltung zu tun, mit der die Schmerzanamnese erhoben wurde: Den Patienten wird die Führung überlassen, sie bestimmen, was sie über ihre Schmerzen mitteilen wollen. Durch aufmerksames Zuhören wird ihnen vermittelt, dass alles Mitgeteilte wichtig ist, um den Schmerz gemeinsam zu verstehen. Hilfreich ist allenfalls eine offene Frage (»wie fühlt sich der Schmerz an?«), damit es ihnen gelingt, dessen Eigenart in Worte zu fassen. So entsteht Raum für die je eigene Schmerzempfindung des Patienten, für sein je individuelles Schmerzerleben, das nahe der biografisch gemachten Schmerzerfahrung liegt, um nicht zu sagen: mit dieser identisch ist. Das Äußern der Schmerzerfahrung bei einem verstehenden, mitfühlenden Gegenüber kann, wörtlich verstanden, den Schmerz wirklich von innen nach außen – in die Beziehung – bringen. Manchmal scheint ein Affektausbruch mit Weinen allein Schmerzbefreiung zu bewirken.

Eine 40-jährige Frau F. ruft in der Klinik an, sie habe Leukämie; nach der Chemotherapie sei das Blut frei von bösartigen Zellen, sie habe aber seitdem unerträgliche Schmerzen im ganzen Körper, die verordneten Schmerzmittel würden nicht helfen. Als ihr erklärt wird, dafür sei zunächst die Schmerzambulanz der Anästhesieabteilung zuständig, entsteht eine Stille und anfangs ein leises, dann ein lauteres Schluchzen, das in heftiges Weinen übergeht. Dazwischen kommen einzelne unverständliche Worte, dann: »Entschuldigung, dass mir das passiert.« Nach 15 Minuten sagt die Patientin ruhig und klar »Danke« und hängt ein. Drei Wochen später sucht mich ihr Ehemann in der Sprechstunde auf. Seine Frau wolle sich bedanken, sie habe seit unserem Gespräch keine Schmerzen mehr. Die Schmerzambulanz habe sie vorerst nicht gebraucht.

Bei der supervisorischen Arbeit auf der Palliativstation konnten solche Beobachtungen bestätigt und vertieft werden. Es handelte sich um die kleine Modellstation für Palliativmedizin im oberen Stock des Bettenhochhauses der Uniklinik, die auf Initiative des Leiters der Chirurgischen Klinik Prof. Pichlmaier 1983 eingerichtet worden war, damals einmalig in Deutschland. Seit 1993 besitzt die Palliativmedizin in Köln ein eigenes Haus mit 15 Patientenzimmern und mit Räumen für Angehörige und für lernende Gäste, das Mildred-Scheel-Haus (Pichlmaier u. Jonen-Thielemann 2003).

Anlass, psychosomatische Supervision ab 1986 in die Arbeit einzubeziehen, war die enorme Fluktuation der Schmerzintensität, die bei vielen Patienten beobachtet wurde und die medizinisch nicht zu erklären war. Vor allem der für die Schmerzbehandlung zuständige Anästhesist Dr. Zech erhoffte sich mit psychosomatischer Hilfe, dieses rätselhafte Phänomen besser zu verstehen und angemessener damit umgehen zu können.

Auf der Station wurde eine dichte Kommunikation gepflegt und gefördert, die vor allem im »Wohnzimmer« zwischen den Patienten untereinander und auch mit ihren Angehörigen stattfand (Pichlmaier u. Jonen-Thielemann 2003). Ein Fokus der Supervision lag darauf, die Veränderungen der Schmerzintensität in Abhängigkeit von der inneren Haltung und der jeweiligen Mitteilungs- und Kommunikationsfähigkeit der Patienten zu verstehen. Auch andere körperliche Beschwerden wurden – als Hinweis auf die latente affektive Befindlichkeit – besonders beachtet.

Ein Patient machte aus seinem Liebesgefühl zu einer Krankenschwester kein Geheimnis. Er schenkte ihr eine Rose und hatte in dieser Zeit keine Schmerzen. Nach der Entlassung traten zu Hause wieder starke Schmerzen auf.

Schmerzen gingen auch zurück, wenn über den Tod gesprochen werden konnte:

Zwischen zwei Ehepaaren entstand bei häufigen Gesprächen zu viert im »Wohnzimmer« eine innige Freundschaft. Die beiden Patienten hatten in dieser Phase, anders als zuvor, keinerlei Schmerzprobleme. In aller Offenheit wurde gleichsam vertraglich gemeinsam besprochen, dass nach ihrem Tod die beiden zurückbleibenden Partner sich lieben und miteinander leben dürften und sollten.

Unter stärksten und resistentesten Schmerzen litten diejenigen Patienten, die noch auf Heilung durch eine aktive Behandlung hofften und die ihre Kachexie durch neue Kleider und Schminke zu verdecken suchten. Die eindrucksvollste Schmerzreduktion dagegen ergab sich, wenn »über Schmerzhaftes« zu sprechen möglich war, wenn »Lebenswunden« und lange gehütete Geheimnisse ausgesprochen werden konnten: die weit zurückliegende heimliche Schwangerschaftsunterbrechung, von der selbst nahe Angehörige bis heute nichts erfahren durften, das uneheliche Kind, von dem die Familie nichts weiß, die Vergewaltigung bei Kriegsende, über die aus Scham und Angst nie erzählt werden konnte. Solche PatientInnen standen unter einem rigiden Schweigegebot, sie hatten bis zur Veröffentlichung enorme Widerstände zu überwinden.

Die ersten Mitteilungen dieser Art erfolgten fast immer in derselben Form, gleichsam probeweise: Eine Schwesternschülerin oder ein Praktikant wurden zunächst ins Vertrauen gezogen; zwei oder drei Tage später aber – wenn die magisch befürchtete Strafe für das Geständnis nicht eingetreten war – konnten die Betroffenen »offiziell« auch bei der Ärztin oder sogar in der Patientenrunde über das Thema sprechen.

Trat bei einem Patienten eine überraschende Schmerzerleichterung ohne eruierbaren Grund ein, stellte sich später heraus, dass dieser doch einem Pfleger oder Mitpatienten zuvor etwas Wesentliches anvertraut hatte. Geheimnisse wurden als erstes oft einer Nonne – einer Karmelitin – erzählt, die einige Monate auf der Station praktizierte. Bei der Vertreterin des Ordens, in dem wochenlanges Schweigen geübt wird, empfanden die Patienten offenbar ihre heiklen Mitteilungen am besten aufgehoben. Die Karmelitin ging souverän mit dem Anvertrauten um. Sie berichtete im Team: »Ich habe wieder etwas erfahren, von Frau R. ... Herrn B«. Das genügte, um die gleichzeitige Besserung der Schmerzen zu verstehen. Der Inhalt der Mitteilung wurde durch die Patienten selbst innerhalb weniger Tage weiter veröffentlicht.

Der Schmerz, die Schmerzbefreiung war ein besserer Indikator, dass etwas Befreiendes geschehen war, als das seelische Befinden, das sich oft nicht gleichsinnig besserte, im Gegenteil. Die Patienten hatten ein lebenslanges Schweigegebot gebrochen und wurden danach unruhig und unsicher. Sie litten unter Schuldgefühlen, Angst und körperlichen Angstäquivalenten wie Herzrasen, Bluthochdruck, Schwindel, Luftnot und Schweißausbrüchen. Diese »Verschlechterung« des Befindens konnte aber in der Regel aufgefangen und durch bestätigende Deutung gemildert werden: »Jetzt sind Sie dabei, lebensfeindliche Bindungen abzulegen. Durch Sprechen über Schmerzhaftes in ihrem Leben haben Sie unbekanntes Gebiet betreten. Das macht Angst, wir sind da und begleiten Sie.«

Karzinomschmerz dissoziativ oder nozizeptiv

Der Karzinomschmerz scheint sich häufig nach affektiven und kommunikativen Bedingungen zu richten. In anderen Fällen lässt sich der Schmerz überwiegend nozizeptiv als Druck des Tumors auf sensible Nerven erklären; dann hat die medikamentöse Analgesie meist auch die erwünschte und erwartete Wirkung.

Wenn Schmerzen bei bösartigen Erkrankungen sich so unterschiedlich verhalten, drängt sich die Frage auf, ob es sich um verschiedene klinische Phänomene handelt oder ob es nur einen einzigen Karzinomschmerz gibt, bei dem je nach geistig-psychisch-sozialer Konstellation – und je nach Einstellung des Arztes – komplementäre Facetten in den Vordergrund treten.

In dieser Untersuchung interessieren besonders die morphinresistenten Schmerzpatienten, die in der Regel weniger beachtet und verstanden werden. Schmerzhafte, im Körpergedächtnis eingekapselte Erlebnisse können eine Verwandlung, eine Konversion in Körperschmerz erfahren. Der Begriff Dissoziation benennt denselben Vorgang mit einem anderen Wort, von der körperlichen Seite her: Eine Körperfunktion – hier das Schmerzempfinden – wird abgespalten, dissoziiert und in den Dienst der Schmerzerinnerung und Schmerzveröffentlichung gestellt. Ein nozizeptiver (durch lokale Schädigung entstehender) Karzinomschmerz wird aufgegriffen und als Spur benutzt, um einer weit zurückliegenden traumatischen Erfahrung Ausdruck zu verleihen. Er wird so zum dissoziativen – oder dissoziativ ausgestalteten – Karzinomschmerz. Dieser Erinnerungsschmerz zeigt eine eigene Symptomdynamik.

Auch die Manifestation eines primär dissoziativen Schmerzes – ohne realen nozizeptiven Karzinomschmerz als Vorlage – ist möglich (wie im Beispiel von Frau F.). Die durch Attribute wie »Krebs« und »Bösartigkeit« hervorgerufene Vorstellung von Bedrohung und Sterben verbindet sich mit früheren traumatischen Erfahrungen und erzeugt infolge einer katastrophischen Erwartung den dissoziativen Karzinomschmerz.

Tatsächlich zeigt dieser Karzinomschmerz alle Merkmale der Dissoziation, die von Charcot (1886), Janet (1893), Freud (1888, 1893) und Gilles de la Tourette (1891–94) beschrieben wurden – die aber bis heute wenig bekannt sind (Abb. 4): Dieser Schmerz äußert sich exzessiv, anfallsartig und oft unanatomisch, obwohl er eine organische Vorlage benutzt, er zeigt eine spezifische Gegenläufigkeit, eine Resistenz gegen invasive Maßnahmen, aber eine gute Ansprechbarkeit auf rezeptiv-kommunikative Angebote.

Dissoziativer Schmerz

exzessiv

invasiv vs. rezeptiv

anfallsartig

gegen-läufig

unana-tomisch

organische Vorlage

Die klinischen Merkmale des dissoziativen Schmerzes sind psychodynamisch verstehbar:

1. Exzessive Schmerzäußerungen entsprechen dem hohen »Affektbetrag« angesammelter schmerzhafter Erfahrungen.

2. Das anfallsartige Auftreten hat mit dem Wechsel von Erinnerung und Abwehr zu tun. Bei gelingender Abwehr – und milderem oder fehlendem Schmerz – sammelt sich schmerzhaftes Affektpotenzial an, das sich akut als somatisierter Schmerz Raum verschafft.

3. Der dissoziative Schmerz breitet sich unanatomisch über das nozizeptiv betroffene Nervenareal hinaus in andere Körperregionen aus.

4. Er benutzt den nozizeptiven Karzinomschmerz – oder eine katastrophische Vorstellung – als Vorlage.

5. Die Gegenläufigkeit von Verbergen und Veröffentlichen schmerzhafter Affekte zeigt sich im Verlauf der bösartigen Erkrankung besonders deutlich. Zunächst herrscht die scheinbar unerklärliche pathologische Schmerzunempfindlichkeit vor, dann kommt es zur Schmerzüberflutung.

Wenn diese Kriterien des dissoziativen Karzinomschmerzes erfüllt sind, ist, wie bei jeder somatisierten Dissoziation, alles Invasive, also auch die medikamentöse Analgesie – Medikamente gehen »invasiv« von außen in den Körper hinein – unwirksam oder schädlich. Spätestens wenn Analgetika nicht wirken, ist es therapeutisch notwendig und möglich, sich konsequent auf das Zuhören und auf die Rezeption der Schmerzerfahrung und Schmerzerinnerung einzustellen. Wenn die Veröffentlichung alter Traumata gelingt, kann der dissoziative Karzinomschmerz, der quasi überflüssig geworden ist, abklingen[2].

Der Karzinomschmerz folgt also in vielen Fällen den Kriterien der Dissoziation. Was unter dem herkömmlichen nozizeptiven Schmerzkonzept paradox und rätselhaft erscheint, erweist sich bei genauer Beachtung der Kriterien des dissoziativen Schmerzes als plausibel und in jedem Punkt nachvollziehbar[3].

---

2 Der Begriff »Spontanremission« drängt sich auf, die bei einem Karzinom potenziell möglich ist, was beim internationalen Kongress »Spontanremissionen in der Onkologie« 1997 im Krebsforschungszentrum in Heidelberg dokumentiert wurde (Heim u. Schwarz 1998). Neben infektinduzierten immunologischen Abwehrkräften wurden u.a. biografische Bedingungen solcher Remissionen eruiert: überraschende, häufig spirituell angestoßene Autonomisierungs-, Separierungs- und Kommunikationsbewegungen. Die Exazerbation und die »Remission« von Karzinomschmerzen blieben allerdings thematisch ausgespart.

3 Der dissoziative Schmerz fehlt in der Internationalen Klassifikation; für dieses wichtige und häufige Phänomen gibt es in der ICD–10 keine Rubrik, mit der der dissoziative Karzinomschmerz zu klassifizieren wäre. Die Diagnose »anhaltende somatoforme Schmerzstörung« F45.4 der ICD–10 bildet den dissoziativen Schmerz nicht ab; die Bezeichnung »somatoform« suggeriert eine Ähnlichkeit nozizeptiver und psychogener Schmerzen, die nicht besteht (Kütemeyer u. Masuhr 2008). Der dissoziative Schmerz mit seinen spezifischen Merkmalen ist offenbar nur mit der rezeptiven Haltung – und bei Kenntnis der klinischen Kriterien dissoziativer Störungen (Charcot 1886, Janet 1893, Freud 1888, 1893/1997) – überhaupt wahrnehmbar. Hier zeigt sich, wie viel konzeptuelle Arbeit noch zu leisten ist, um den dissoziativen Karzinomschmerz medizinisch zu orten.

Räumliche Qualität der Affekte

Der dissoziative Karzinomschmerz entsteht also durch den Affektdruck eingeschlossener schmerzlicher Erinnerungen. Der nicht geäußerte Leidensdruck entspricht der Intensität des dissoziativen Körperschmerzes; latenter psychischer Schmerz und dissoziativer Karzinomschmerz sind äquivalent (Freud 1895, 212ff.).

Nach Freud (1893/1997, 1895) kann man sich diesen affektiven Innendruck physiologisch-physikalisch vorstellen. Die schmerzliche Erinnerung und der dazugehörige Affekt »besetzen« einen Körperteil und nehmen dort einen Raum ein, der durch Nichtäußerung anwächst, bis ein Überdruck entsteht, der plötzlich als Körperschmerz zum Ausdruck kommt und so eine Teilentlastung erfährt. Der an den dissoziativen Schmerz gebundene »hohe Affektbetrag« (Freud 1893/1997, 25f.) kann durch verbale emotionale Äußerung »abgeräumt« werden (Freud 1895, 212f.; Kütemeyer u. Schultz 1989, 188)[4].

Je nach dem im Vordergrund stehenden Affekt kann der Karzinomschmerz den Körper in unterschiedlicher Weise besetzen: Er kann als »Angstschmerz« einen unruhigen, den Ort wechselnden Charakter annehmen, zuweilen verbunden mit weiteren körperlichen Angstsymptomen wie Schwindel, Luftnot, Pruritus, Miktionsstörung und Diarrhöe. Diese Symptome können auch jeweils allein auftreten und die Angst repräsentieren (Pichelmaier u. Jonen-Thielemann 2003, 191). Der depressive Karzinomschmerz dagegen äußert sich statisch und persistierend, eben de-pressiv; Kältegefühl und Frieren stehen dabei, neben gleichmäßig anhaltendem – gerade nicht anfallsartigen – Schmerz, im Vordergrund. Wenn Hautbeschwerden und Unruhe, z. B. in Form von Restless legs (früher „anxietas tibiarum" genannt) hinzukommen, wird daran die Angstkomponente des Depressionsschmerzes ablesbar.

Die Zuordnung spezifischer Schmerzäußerungen zu bestimmten Affekten (»das Alphabet der Affekte«) ist diagnostisch und kommunikativ nutzbar. Aus dem geschilderten Schmerzcharakter kann die affektive Befindlichkeit, über die der Patient (noch) nicht sprechen kann, erschlossen werden. Das Ansprechen und Benennen des jeweiligen Affekts (»Ihr Schwindel, Ihr Juckreiz, Ihr unruhiger Schmerz *ist* Angst. [...] Ihr reglos hockender Schmerz *ist* Trauer. Sie haben eine Enttäuschung, einen Verlust zu ver-schmerzen«) wird

---

4 Man hat Freud diese »physikalische« Denkweise, sein auch räumlich-quantitatives Beschreiben der Energiebewegungen vom Psychischen ins Körperliche und umgekehrt – zu Unrecht und zum Schaden für die Klinik – als Befangenheit in Auffassungen des 19. Jahrhunderts ausgelegt. Die beobachtbare qualitative Äquivalenz von Vorgängen im Seelischen und im Körper macht aber den Zusammenhang besonders evident. Wenn dem Psychischen so konkrete, gezielte und messbare Wirkung im Körper klinisch nachgewiesen wird, ist darin gerade das Gegenteil eines Physikalismus zu sehen.

– im Gegensatz zur Etikettierung als »psychogen«, die in der Regel Abwehr erzeugt – von den meisten Patienten verstanden und führt zu weiterer klinisch und biografisch wichtigen Mitteilungen.

Der Patient hat nicht Angst, er *ist* Angst; die körperliche Manifestation ist also nicht die Folge seiner Angst, sondern eine, dem Angstgefühl äquivalente Erscheinungsweise der Angst. Dasselbe gilt für die Trauer. Der dissoziative Karzinomschmerz *ist* die schmerzliche Erinnerung, und seine Variationen - der Angstschmerz und der depressive Schmerz - *sind* die Angst und die Trauer. So wird verständlich, dass der Körperschmerz verschwindet, wenn durch das Benennen des jeweiligen Affekts nach der Mitteilung des Patienten dieser in seiner ursprünglichen Erscheinungsweise psychischen Raum bekommt.

Zur Psychodynamik

In dieser Arbeit wurde der dissoziative Karzinomschmerz beschrieben und wie er klinisch-diagnostisch von anderen Schmerzformen abgegrenzt werden kann. Hier sollen noch einige Denkanstöße gegeben werden, wie man die klinischen Phänomene, vor allem die paradox erscheinenden Eigenschaften des Karzinomschmerzes, verstehen kann.

Schmerz spielt bei der Entwicklung der körperlichen Selbstwahrnehmung eine entscheidende Rolle, »und die Art, wie man bei schmerzhaften Erkrankungen eine neue Kenntnis seiner Organe erwirbt, ist vielleicht vorbildlich für die Art, wie man überhaupt zur Vorstellung seines eigenen Körpers kommt« (Freud 1923, 253). Schmerzfähigkeit ist nach Weizsäcker (1926) ein Indikator für die positive Besetzung des Körper-Selbst. Es ist ein Gefüge da, das nicht schmerzlos gestört werden kann. Bei der initialen Schmerzabwesenheit vieler Karzinomkranker ist die Frage erlaubt, ob diesem Paradox nicht eine Entfremdung dem eigenen Körper gegenüber zugrunde liegt.

Schmerz wird von Weizsäcker (1926) als »sinnlicher Zweifel« beschrieben, der entsteht, wenn das Eigene durch Fremdes bedroht ist. Im Schmerz kämpft der Körper um die Entscheidung, ob das betroffene Organ bei ihm bleibt oder sich trennen muss. Schmerz ist nicht Folge der vollzogenen Trennung, sondern Ausdruck der schwebenden Entscheidung. Solange es schmerzt, sind noch beide Möglichkeiten offen: Heilung, Wiederaneignung oder Vollzug der Trennung, Absterben, Tod oder Teiltod des Organs (Weizsäcker 1926). Freuds Formel (1926) geht in die gleiche Richtung: Angst entsteht *vor*, Schmerz *während* und Trauer *nach* der Trennung, nach dem Verlust.

Der (nozizeptive) Schmerz Karzinomkranker tritt oft erst auf, wenn der »sinnliche Zweifel« über die ungewisse Prognose aufkommt. In Hinsicht auf die beschriebenen Krankenbeispiele für dissoziativen Schmerz ließe sich hypothetisch sagen: Der dissoziative Karzinomschmerz setzt ein, wenn eine Entscheidung im Gange ist, ob die Loslösung von alten Bindungen und Schweigegeboten vollzogen werden kann oder nicht. Sobald die Entscheidung gefallen ist, die Loslösung erfolgt und ein Sprechen über Schmerzhaftes möglich wird, kann sich der dissoziative Schmerz verabschieden.

Wenn der ungünstigen Prognose nicht mehr ausgewichen werden kann, tritt auch Angst auf, und zwar meist in Form der typischen Körperbeschwerden, die erst als Ausdruck der Angst erkannt und benannt werden müssen. Bei der Angst spielt der drohende Verlust der Integrität des Körperbildes eine wesentliche Rolle, vor allem wenn Erfahrungen bedrohter Körperintegrität zuvor im Leben besonders verleugnet wurden. Auch der drohende Verlust sozialer Kohärenz durch die bösartige Krankheit kann häufig Angst und Angstschmerz erzeugen. Im empathischen Gespräch mit dem todgeweihten Kranken wird Schmerzlinderung auch dadurch erreicht, dass eine neue soziale Kohärenz gerade über die Schmerzerfahrung entstanden ist. Eine forcierte Abwendung vom Abschiedsschmerz wirkt dagegen schmerzverstärkend, weil der Patient mit seinem Schmerz allein bleibt.

Fazit

Bei jedem Karzinomschmerz sollte die dissoziative Komponente bedacht und den hinweisenden Merkmalen (exzessiv, anfallsweise, Opiatresistenz) Beachtung geschenkt werden. Sind die Kriterien des dissoziativen Karzinomschmerzes erfüllt, darf und kann aktives und invasives Vorgehen, auch medikamentöse Analgesie, ganz zurücktreten zugunsten rezeptiv-kommunikativer, erinnerungs- und mitteilungsfördernder Angebote. Das Einhalten dieser Regel wird mit Milderung des dissoziativen Schmerzes belohnt.

Literatur

Charcot JM (1886) Neue Vorlesungen über die Krankheiten des Nervensystems, insbesondere über Hysterie. Übersetzt von Sigmund Freud. Leipzig, Wien (Toeplitz u. Deuticke).

Freud S (1888/1987) Hysterie. GW Nachtragsband. Frankfurt/M (Fischer) 69–82.

Freud S (1895) Studien über Hysterie. GW 1. Frankfurt/M (Fischer) 75–312.

Freud S (1893) Quelques Considérations pour une Etude Comparative des Paralysies Motrices Organiques et Hystériques. GW 1. Frankfurt/M (Fischer) 37–55. Deutsch von Marie-Luise Knott u. Mechthilde Kütemeyer (1997) Einige Betrachtungen zu einer vergleichenden Studie über organische und hysterische motorische Lähmungen. Jb Psychoanal 39: 9–45.

Freud S (1923) Das Ich und das Es. GW 13, Frankfurt/M (Fischer) 235–289.

Freud S (1926) Hemmung, Symptom und Angst. GW 14. Frankfurt/M (Fischer) 111–205.

Gilles de la Tourette G (1891–95) Traité clinique et thérapeutique de l'hystérie: d'après l'enseignement de la Salpêtrière. 3 vol. Paris (E. Plon).

Gilles de la Tourette G (1894) Die Hysterie nach den Lehren der Salpêtrière. Bd 1: Normale oder interparoxysmale Hysterie. Autorisierte deutsche Ausgabe von Dr. Karl Grube. Leipzig und Wien (Deuticke).

Heim ME, Schwarz R mit Gallmeier W M, Kappauf H, Köbele C, Zürner P (Hg) (1998) Spontanremissionen in der Onkologie. Theoretische Modelle und klinische Befunde. Stuttgart New York (Schattauer).

Janet P (1893) L'état mental des hystériques. Paris (Alcan). 1. Teil deutsch v. Max Kahane (1894) Der Geisteszustand der Hysterischen. Die psychischen Stigmata. Leipzig Wien (Deuticke). Reprint (2004) Neustrelitz (Antiqua Reprint).

Kölmel HW (1984) Visuelle Halluzinationen im hemianopen Feld bei homonymer Hemianopsie. Berlin Heidelberg New York (Springer).

Kröger G (1989) Was erleben Kranke bei technischen Untersuchungen im Krankenhaus? Beobachtungen einer Pastorin. EEG-Labor 11: 105–108.

Kütemeyer M., Masuhr KF (1981) Psychosomatische Aspekte in der Neurologie. In: Jores A (Hg) Praktische Psychosomatik. Ein Lehrbuch für Ärzte und Studierende der Medizin. 2.Aufl. Bern (Huber) 363–370.

Kütemeyer M, Schultz U (1989) Frühe psychoanalytische Schmerzauffassungen. Psychother med Psychol 39: 185–192.

Kütemeyer M, Schultz-Venrath U (1990) Neurologie. In: Adler RH, Herrmann UM, Köhle K, Schonecke OW, von Uexküll T, Wesiack W (Hg) Psychosomatische Medizin. 4. Auflage, München Wien Baltimore (Urban & Schwarzenberg) 975–999.

Kütemeyer M, Schultz-Venrath U (1996) Lumbago-Ischialgie-Syndrome. In: Adler RH, Herrmann UM, Köhle K, Schonecke OW, von Uexküll Th, Wesiack W (Hg) Psychosomatische Medizin. 5. Auflage, Kap. 66 München Wien Baltimore (Urban & Schwarzenberg) 881–894.

Kütemeyer M (2003) Das chronische Müdigkeitssyndrom: eine Form der somatisierten Angstneurose. In: Berg PA (Hg) Chronisches Müdigkeit- und Fibromyalgiesyndrom. 2. Aufl.. Berlin Heidelberg New York (Springer) 77–87.

Kütemeyer M (2003a) Psychogener Schmerz als Dissoziation. Psychother Sozialwiss 5: 320–337 (H 3 »Erzählter Schmerz«).

Kütemeyer M, Masuhr KF, Schultz-Venrath U (2005) Kommunikative Anfallsunterbrechung. Zum ärztlichen Umgang mit Patienten im Status pseudoepilepticus. Z Epileptol 18: 71–77.

Kütemeyer M, Masuhr KF (2008) Körperliche Empfindungen als Leitfaden der Diagnostik in der Psychiatrie, Neurologie und Psychosomatik. Zur Umfrage der DGPPN für die ICD–11. Köln (Manuskript). AGPN.

Lamprecht F (1979) Neurologie. In: Hahn P (Hg) Psychologie des 20. Jahrhunderts, Bd. IX. Zürich (Kindler) 1–46.

Masuhr KF, Neumann M (2007) Neurologie. 6. Aufl. Duale Reihe. Stuttgart (Thieme).

Pichlmaier H, Jonen-Thielemann I (2003) Palliative Chirurgie – Palliativmedizin. In: Hontschik B (Hg) Psychosomatisches Kompendium der Chirurgie. München (Marseille) 185–199.

Rimpau W (1999) Selbstkontrolle bei Epilepsie. Erinnerungsspuren in der Therapie einer Epilepsiekranken. In: Janz D (Hg) Krankengeschichte. Biographie, Geschichte, Dokumentation. Beiträge zur medizinischen Anthropologie Bd. 2. Würzburg (Königshausen & Neumann) 71–90.

Rimpau W (Hg) (2008) Warum wird man krank? Weizsäcker-Lesebuch. Frankfurt (Suhrkamp).

Schöndienst M (2004) Zur differentialdiagnostischen Bedeutung diskursiver Stile bei dissoziativen versus epileptischen Patienten – ein klinisch-linguistischer Ansatz. In: Eckhardt-Henn A, Hoffmann SO (Hg) Dissoziative Bewusstseinsstörungen. Theorie, Symptomatik, Therapie. Stuttgart New York (Schattauer) 328–342.

Schwabe M, Reuber, M Schöndienst M, Gülich E (2008) Listening to people with seizures: how can Conversation Analysis help in the differential diagnosis of seizure disorders. Communication Med 5: 53–66.

Wolf P (2005) Anfallserkrankungen: Diagnostischer Goldstandard Anamnese. In: Schmitz B, Tettenborn B (Hg) Paroxysmale Störungen in der Neurologie. Heidelberg (Springer) 1–5.

Korrespondenzadresse:
Dr. med. Mechthilde Kütemeyer
Burg Kendenich 17
50354 Hürth bei Köln
E-Mail: *kuete@arcor.de*

Elmar Brähler, Hermann J. Berberich (Hg.)

Sexualität und Partnerschaft im Alter

Irene Berkel (Hg.)

Postsexualität

Zur Transformation des Begehrens

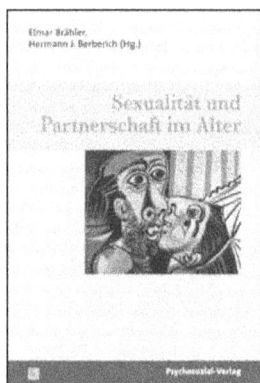

2009 · 202 Seiten · Broschur
ISBN 978-3-89806-760-7

2009 · 195 Seiten · Broschur
ISBN 978-3-8379-2009-3

Sexualität und Partnerschaft werden häufig als ein Privileg der Jüngeren gesehen. Doch auch für alte Menschen spielen diese Bedürfnisse eine wichtige Rolle. Die Gesellschaft tut sich allerdings immer noch schwer, dies zu akzeptieren und offen zu thematisieren. Die Beiträge des Bandes beleuchten verschiedene Aspekte sexueller und partnerschaftlicher Probleme im Alter und behandeln diese unter psychologischen, medizinischen und soziologischen Gesichtspunkten. Bislang vernachlässigte Perspektiven werden thematisiert: von der weiblichen Sicht auf sexuelle Probleme über die spezifischen Probleme der Paartherapie im Alter bis hin zu schwulen und lesbischen Beziehungen.

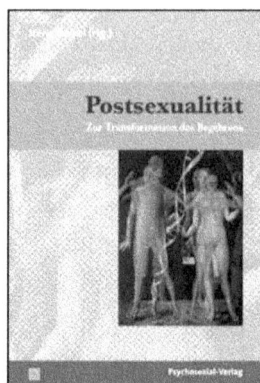

Die Entbindung der Sexualität aus der Fortpflanzung verändert das Verhältnis der Geschlechter und der Generationen zueinander, die Praktiken des (sexuellen) Genießens und der Fortpflanzung. Der Wandel begegnet uns einerseits in der Sexualisierung des öffentlichen Raums und der sozialen Kommunikation, andererseits in Phänomenen der Entsexualisierung.

Der Band versammelt Beiträge aus Philosophie, Kultur-, Sexual- und Filmwissenschaft, aus Psychoanalyse und Kunst, die das Auftauchen postsexueller Erscheinungen vor dem Hintergrund der religiösen, historischen, sozioökonomischen und psychosexuellen Entwicklungen beleuchten.

Walltorstr. 10 · 35390 Gießen · Tel. 06 41 - 96 99 78 - 18 · Fax 06 41 - 96 99 78 - 19
bestellung@psychosozial-verlag.de · www.psychosozial-verlag.de

Der alte Großvater und der Enkel

Günter Heisterkamp (Ratingen)

Zusammenfassung

Der Aufsatz geht von einem Märchen der Gebrüder Grimm und seiner exemplarischen Bedeutung für die Wirklichkeit des Altwerdens aus. Die prototypischen Verwandlungswiderstände werden sowohl an allgemeinen als auch an persönlichen Erfahrungen illustriert. Besonders werden die der Großelternsituation innewohnenden Entwicklungschancen einer wechselseitigen Entwicklungsförderung zwischen Großeltern und Enkelkindern hervorgehoben. Damit richtet sich das Forschungsinteresse auf transgenerationale Wirkungszusammenhänge und Wandlungsvorgänge in Familiengeschichten.

Stichwörter: Entwicklung, Verwandlungswiderstände, Entwicklungsobjekt, Entwicklungsförderung, Familiengeschichte

Abstract: The »old« grandfather and the grandchild

The essay is based on a fairytale by the Grimm brothers and its exemplary significance for the reality of growing old. The prototypical antagonisms of transformation will be pointed out by means of general as well as personal experiences. The chances of enhancing mutual development advancement between grandparents and grandchildren that are inherent in the situation of being grandparents will be emphasised. The interest of research is directed to trans-generational correlation and processes of change in family history.

Key words: Development, antagonisms of transformation, object of development, development advancement, family history

Ein Märchen zur Wirklichkeit des Altwerdens

Hinsichtlich Altwerden und Sterben befinden sich alle Menschen auf einer Expedition in ein fremdes Land. Hierbei spielen die zwischenzeitlich errichteten »Basislager«, charakterologisch gesprochen: die jeweiligen Lebensstile, eine vorstrukturierende Rolle. Es lässt sich immer wieder beobachten, dass Menschen in der Weise alt werden und sterben, wie sie auch gelebt haben. Die

Hospizbewegung ist von der Idee getragen, dem Sterbenden eine Möglichkeit zu bieten, seinen Tod zu leben und mit seinen Angehörigen zusammen das definitive Ende seines Lebens würdig zu gestalten. In prototypischer Weise verdichtet das Märchen der Gebrüder Grimm (Panzer o. J., 261) *Der alte Großvater und der Enkel* das familiäre und gesellschaftliche Wirkungsgeschehen beim Altwerden (Salber 1987). Da das Märchen sehr kurz ist, sei es hier noch einmal wiedergegeben, damit es anschließend in seinem tiefen psychologischen Sinn aufgeschlüsselt werden kann.

»Es war einmal ein alter Mann, der konnte kaum gehen, seine Knie zitterten, er hörte und sah nicht viel und hatte auch keine Zähne mehr. Wenn er nun bei Tisch saß und den Löffel kaum halten konnte, schüttete er Suppe auf das Tischtuch, und es floss ihm auch etwas wieder aus dem Mund. Sein Sohn und dessen Frau ekelten sich davor, und deswegen musste sich der alte Großvater endlich hinter den Ofen in die Ecke setzen, und sie gaben ihm sein Essen in ein irdenes Schüsselchen, und noch dazu nicht einmal satt; da sah er betrübt nach dem Tisch, und die Augen wurden ihm nass. Einmal auch konnten seine zittrigen Hände das Schüsselchen nicht fest halten, es fiel zur Erde und zerbrach. Die junge Frau schalt, er aber sagte nichts und seufzte nur. Da kaufte sie ihm ein hölzernes Schüsselchen für ein paar Heller, daraus musste er nun essen. Wie sie da so sitzen, so trägt der kleine Enkel von vier Jahren auf der Erde kleine Brettlein zusammen. ›Was machst du da?‹, fragt der Vater. ›Ei‹, antwortete das Kind, ›ich mach ein Tröglein, daraus sollen Vater und Mutter essen, wenn ich groß bin‹. Da sahen sich Mann und Frau eine Weile an, fangen endlich an zu weinen, holten alsofort den alten Großvater an den Tisch, und ließen ihn von nun an immer mit essen, sagten auch nichts, wenn er ein wenig verschüttete« (Panzer o. J., 261).

Der alte Großvater wird zittrig und verliert zunehmend seine kultivierten Lebensformen. Sohn und Schwiegertochter ekeln sich vor ihm. Er wird ihnen lästig, und sie möchten ihn am liebsten loswerden. Das Verhalten des Enkels bringt eine überraschende Wende in die Geschichte. In einer vordergründigen Interpretation könnte man dem gerade vierjährigen Kind Kompetenzen eines Erwachsenen unterstellen: Es mache seine Eltern darauf aufmerksam, dass sie ihren Vater, seinen Großvater, abschieben und beschämen und dass sie sich nicht in seine schwierige Lage einzufühlen vermögen. Das Märchen wurde oft in moralisierender und erzieherischer Absicht in den Unterricht eingebaut und verkannt. Je mehr nämlich der Kleine – vielleicht nach dem Bild des göttlichen Jesuskindes – idealisiert wird, der den Eltern als moralische Instanz die Leviten liest und sie auf ihre sittliche Pflicht verweist, wird der Sinn des Märchens verflacht. Als könnte ein vierjähriges Kind seinen Eltern in solcher Absicht und in dieser Weise gegenübertreten! Hierbei geht auch die Responsivität für die emotionale Wirklichkeit des Kindes verloren. Diese kommt aber den Eltern in einem seelisch bewegenden Augenblick, quasi in einem Now-Moment (Stern 1998, 2005) bzw. im Verlauf eines Enactments (Heisterkamp 2004), doch noch zu Bewusstsein und leitet eine wesentliche Veränderung ein.

Die unmittelbare Wirkung der schlichten Äußerung des kleinen Kindes bleibt bei einer erzieherischen Interpretation ein Rätsel. Wenn wir allerdings von dem liebevollen Bezogensein zwischen Eltern und Kind bzw. noch präziser vom originären Liebesvorschuss bzw. von den evolutionären Vorerwartungen des Kindes ausgehen, die es seinen nahen Bezugspersonen vom ersten Tag seines Lebens an entgegenbringt und die seinerseits Eltern und auch Großeltern zutiefst berührt, gewinnt das Märchen einen tieferen Sinn und eine starke Dynamik. Die Rede vom Glanz in den Augen der Eltern muss ergänzt werden um die Rede vom Glanz in den Augen des Kindes. Bereits die erste Silbe der kindlichen Antwort ist bedeutsam: »Ei«. Wir brauchen diese nur einmal zu wiederholen und bei »Ei ei« fallen uns sofort die Laute ein, mit denen wir und unsere Kinder Zärtlichkeiten verbal begleiten. Die beiden Laute verweisen auf den tiefen psychologischen Sinn und auf die schlichte entwicklungsmäßige Wahrnehmung des Kindes.[5] Wer selbst Kinder und Enkelkinder hat, weiß, wie tief die authentischen Reaktionen seiner geliebten Kinder und Kindeskinder wirken, und zwar immer dann, wenn sie unzweifelhaft spüren oder geradezu davon erfasst werden, wie ihr (Enkel-)Kind sie liebt.

Ich könnte als mehrfacher Großvater viele solcher bewegender Gegenwartsmomente für jede Altersstufe berichten. Ein Beispiel für die frühe Zeit hat mein zweitjüngster Enkel mir geschenkt und hat mich und seine Eltern, die mir diese Situation berichtet haben, tief bewegt. Am Vortag hatte ich auf der Geburtstagsfeier eines meiner anderen Familienmitglieder längere Zeit mit meinem damals noch jüngsten Enkelkind im Sandkasten gespielt. An diesem Tag händigte ich meinen Kindern eine Einladung zu meinem 65. Geburtstag aus, auf der auch ein Bild von mir abgedruckt war. Das Paper hatten die Eltern zu Hause an die Pinnwand gehängt. Als sie nun am nächsten Morgen beim Frühstück saßen und über mich und meinen Geburtstag sprachen, kletterte mein Enkel (seinerzeit eineinhalb Jahre alt) von seinem Stühlchen, lief zur Pinnwand und küsste das Bild von mir. Wer das nur liest oder nur hört, kann sofort nachvollziehen, wie mich die Erzählung meiner Tochter und meines Schwiegersohns beglückt hat, aber auch, wie berührt sie selbst von dieser liebevollen Geste ihres Sohnes waren.

---

5 Dieser Laut (»Ei«) wurde in der Ausgabe von Carl Helbling (1990, 523–524) ausgelassen. Hier ist eine interessante Stelle für die Projektion der Gebrüder Grimm und ihrer späteren Herausgeber zu sehen, wenn sie die Texte, aus welchen Gründen heraus auch immer, modifizieren. Aber das ist in diesem Zusammenhang nicht weiter relevant.

Das Märchen von dem Großvater und dem kleinen Enkel handelt von derartigen Wirkungszusammenhängen. Es sind solche Erlebnisse, die sich in dieser Begegnung des Enkels bzw. des Sohnes mit seinen Eltern andeutungsweise abspielen. Der Vierjährige steckt in den Anfängen seines Entwicklungsprozesses und ist noch sehr vertraut damit, dass er etwas verschüttet, dass ihm etwas aus dem Mund fließt oder dass er etwas fallen lässt. In einem hinlänglich günstigen Erziehungsmilieu führen diese archaischen Formen des In-der-Welt-Seins bei responsiblen Eltern nicht zu gravierenden Irritationen. Man denke nur an die Phase der Sauberkeitsgewöhnung, in der das Kind und seine Bezugspersonen sogar in liebevoller oder besorgter Weise Bezug auf die körperlichen Ausscheidungen nehmen und freudig die Verdauungsvorgänge des Kindes begleiten. Das relativ gesunde Kind wird derartige Verhaltensweisen nicht als Gefährdungen der elterlichen Liebe wahrnehmen. Der eigentlich berührende Gegenwartsaugenblick ereignet sich in dem Moment, als das Kind sich anschickt, ein ähnliches Tröglein wie die Eltern zu basteln, und zwar für die Zeit, wenn es selber so alt wie seine Eltern ist und wenn es selber seine Eltern versorgen wird. Was ist daran so berührend? Was vernehmen die Eltern da? Ihnen wird unmittelbar deutlich, dass ihr geliebtes Kind wie selbstverständlich davon ausgeht, dass sie es gut meinen mit ihrem Vater bzw. seinem Großvater, dass sie ihn so lieben, wie es seinerseits seine Eltern und seinen Großvater liebt. Es kommt ihm gar nicht in den Sinn, dass der Großvater seinen Eltern lästig sein könnte. Sie müssen sich eingestehen, dass ihr Kind davon ausgegangen ist, dass ihr Verhalten von derselben Liebe getragen wird, wie es selbstverständlich seine Mutter, seinen Vater und auch seinen Großvater liebt. Vielleicht haben sie sogar gemerkt, dass ihr Sohn noch gar nicht leben könnte, ohne seine Eltern zu idealisieren. In diesem Moment sind sie durch das Erleben ihres Kindes in ihrer eigenen primären Liebe zu ihren Bezugspersonen berührt worden. Dabei erweitert sich ihr Bewusstsein: Sie können sich besser in die seelische Wirklichkeit des Kindes als auch in die des Großvaters einfühlen. Sie werden leidensfähiger und spüren ihre eigene Traurigkeit. Die Eltern lassen sich von dem liebevollen Verhalten ihres Kindes berühren und sie merken, was sie hier zur eigenen Selbststabilisierung mit ihrem Vater bzw. Schwiegervater machen.

Die Wahrnehmung dieser Situation führt bei den Eltern zu einer, wie wir in Anlehnung an Alexander (1956) sagen, korrektiven emotionalen Erfahrung. Hierbei handelt es sich um eine Situation des »low-tension-learnings«, das die neuere Säuglingsforschung untersucht (Dornes 1993, 1997, 1999). Sie macht uns darauf aufmerksam, dass es neben den in der psychoanalytischen Tradition besonders hervorgehobenen dramatischen Schwellen der Entwicklung noch eine andere Form seelischen Werdens gibt. Diese ist psychotherapeutisch bzw. behandlungsmethodisch noch kaum erschlossen.

Man kann bei den Eltern ein weit verbreitetes psychosoziales Abwehrmuster beobachten, das in der Verschiebung eigener Selbstanteile auf Andere (Alte, Fremde usw.) besteht, um sich selbst besser zu fühlen. Je mehr sie das in berührenden Begegnungen wie hier mit ihrem Sohn oder in der psychotherapeutischen Behandlung wahrzunehmen in der Lage sind, tauchen auch die bislang unterdrückten Gefühle (z.B. sich nichtig und unfähig zu fühlen, sich selbst abzulehnen oder zu verachten usw.) auf, die zuvor durch die Verschiebung auf und die Abhandlung am Anderen abgewehrt wurden. Dass es zu solchen Highlights des Selbsterfahrens wie im Märchen kommt, hängt letztlich mit der latenten und der dem Seelischen immanenten Selbstbehandlung zusammen, die bereits viele Tausende von Jahren vor der Erfindung von Psychologie und Psychotherapie wirksam war (Heisterkamp 2002, 2007b, Salber 1987). Darüber kommt es immer wieder zu fruchtbaren Augenblicken in der Selbstwerdung. Je gesünder ein Mensch ist, umso offener ist er für diese heilsamen Gegenwartsmomente.

Es gibt allerdings viele Eltern und Großeltern, deren Selbstbewegung so erstarrt ist, dass sie auch vom Verhalten und Erleben ihrer Kinder nicht erreicht werden und diese notgeborene Selbstunterdrückung von den Kindern über die Identifikation mit dem Aggressor (A. Freud 1984) immer mehr übernommen wird. Diese Überanpassung an das Verhalten und Erleben der Eltern wird zu einer Notlösung, weil das Kind auf diese Weise versucht, die Eltern doch noch zu erreichen und darüber aber sich.

Verwandlungswiderstände

Das scheinbar so naive Märchen der Gebrüder Grimm ist von hoher Aktualität. Hillman (2005) weist darauf hin, dass der Missbrauch von alten Menschen (auch) in den Vereinigten Staaten zu einer weit verbreiteten Erscheinung geworden ist, und er fasst das – analog zu dem Arrangement des Grimmschen Märchens – als eine Form der projektiven Abwehr auf. Da wir gewöhnlich das Altwerden hassen, hassen wir die Alten dafür, dass sie uns das vor Augen führen. Derartige Anfeindungen machen den Alten die Verarbeitung des Alterns noch schwerer, zumal wir als Alte selber im gesellschaftlichen Netz solcher Wahrnehmungen gefangen sind, nämlich in einer Jugendkultur mit den entsprechenden Ängsten vor dem Altwerden und den entsprechenden morbiden Vorstellungen von dieser Entwicklung. In der Erzählung von Enquist *Großvater und die Wölfe* (2003) erfahren wir neben der Tatsache, dass die Alten gebrechlich und hinfällig werden, dass sie auch alt im Sinne von wertvoll sein können, insofern diese auch Entwicklungshilfen für ihre Enkel bieten. Hillman erinnert daran, dass wir alte Gegenstände und Texte verwahren, weil wir sie als wertvoll erleben, und dass wir uns bedeutsame Menschen in guter Erinnerung behalten, dass wir Helden und Heilige verehren. »Alt ist eine der größten Quellen der Freude, die Menschen kennen« (Hillman 2005, 89).

In diesem Märchen kann sich jeder wiederfinden, insofern es hier um Grundbefindlichkeiten und um den Umgang mit den realen Molesten (d. h. Beschwerden im Kölschen Dialekt) des Alters geht. Wenn ich auch selbst das Stadium der altersbedingten Verwirrtheit und Zittrigkeit noch nicht erreicht habe, so regt das Märchen doch an, die eigenen Abwehr- und Sicherungstendenzen aufzuspüren und sich auf die notwendigen Umstrukturierungen einzustellen. Ich kann diesem Prozess der Realisierung meiner altersmäßigen Beeinträchtigungen an der Geschichte nachgehen, wie ich meine »körperlichen Verletzungen« lange Zeit wahrgenommen habe. Dazu möchte ich den viel zitierten Satz des Phänomenologen Merleau-Ponty (1966) heranziehen, nach dem ich nicht nur einen Körper habe, sondern auch mein Körper bin. Der tiefe Sinn dieser kognitiv so leicht nachvollziehbaren Erkenntnis hat sich mir erlebnismäßig erst in fortgeschrittenen Jahren erschlossen, während mir vorher die für die Medizin typische naturwissenschaftliche Perspektive als Abwehr diente.

Meine Widerstände lassen sich zunächst einmal an dem typischen Missverständnis der üblichen Aussage, dass wir einen Körper »haben«, verdeutlichen. Vor meinem biografischen Hintergrund als ehemaliger Leistungssportler war meine körperliche Tüchtigkeit lange Zeit von besonderer Wichtigkeit für meine Selbstwerdung. Wie ich hier nicht ausführlich erläutern muss, wäre diese Tendenz zu besonderer Leistung biografisch und psychodynamisch leicht herleitbar. Vor einem solchen Hintergrund wird eine bei Leistungssportlern verbreitete und für die naturwissenschaftliche Perspektive der Medizin typische Abwehrform deutlich: Bis weit in die Zeit des Hobbysports hinein waren meine für Fußballspieler typischen Beeinträchtigungen an Bändern, Muskeln, Gelenken und Knochen nun einmal Beschädigungen an meinem »Bewegungsapparat«, die es in bewährter Weise medizinisch und physiotherapeutisch zu behandeln und durch intensives Training zu beseitigen galt.

Ich habe die naturwissenschaftliche Form der Wahrnehmung lange benutzt, um nicht zulassen zu müssen, dass ich meinen Körper überhaupt nicht *so haben* kann, wie ich z. B. ein Fahrrad oder ein Haus *haben* kann, dass also das Körperhaben über eine objektale Wahrnehmung hinausgeht und bereits ein Ausdruck meiner vorgegebenen, nie bewusstseinsfähigen fleischlichen Existenz (Kühn 2007, Heisterkamp 2007a) ist. Die Auffassung meines leiblichen Seins und meiner körperlichen Verletzungen als ein scheinbar objektales Weltding ersparte mir zu erkennen, dass es sich bei meinen Beschwerden um die Spätfolgen einer langjährigen chronischen Überlastung mit vielfältigen Analogien in den verschiedenen Lebensbereichen und auch in der Gestaltung meines Altwerdens handelte. Erst spät entdeckte ich die implizite Annahme in meiner objektalen Wahrnehmung, nämlich dass ich durch die medizinischen und physiotherapeutischen Maßnahmen wieder in den ursprünglichen Lebenszustand versetzt würde. Bis ich diese latente Fiktion, quasi unverwüstlich oder gar unsterblich zu sein, wahrnahm und bemerken durfte, dass alle meine Behandlungen nur relative Heilungen in einem irreversiblen Rückbildungsprozess darstellten, hat es lange gedauert. Selbstverständlich »wusste« ich es schon seit Kindertagen, dass ich wie alle anderen Menschen und Kreaturen auch einmal sterben würde.

Den Sinn des zweiten Teils der phänomenologischen Aussage von Merleau-Ponty, nämlich dass wir unser Körper *sind*, erlitt ich bei einem sogenannten Schlaganfall. Wie ein Gewitter aus heiterem Himmel kippte mein Lebensgefühl, in dem ich mich überwiegend froh und lebendig erfuhr, um dem entsetzlichen Leid ohnmächtig einer lebensbedrohlichen Desintegration meiner leiblichen Existenz ausgeliefert zu sein. Schockartig erlebte ich einen »kleinen« embolischen kortikalen Teilinfarkt, dessen landläufige Bezeichnung »Schlaganfall« das Erleben dabei treffend festhält. Ohne näher auf die psychodynamischen Hintergründe meiner Struktur einzugehen, führten mir die Folgewirkungen deutlich vor Augen, wie *notwendig* eine Umstrukturierung meiner Wirklichkeit geworden war und welcher tiefe psychologische Sinn sich mir in meinem Zusammenbruch vermittelte. In meinem Schlaganfall erlitt ich mit schrecklicher leiblicher Gewissheit, dass ich mein Körper bin. In dieser Situation wurde in einer nie zuvor erfahrenen leibhaftigen Weise die Fragilität meiner Existenz deutlich. Das Pathische meines Lebens und das unsichtbare Fleisch meiner seelischen Existenz wurden mir in schrecklicher Weise zugänglich (Kühn 2007). Dieses Gefühl von Hilflosigkeit, Kontrollverlust und Angewiesensein ist mir noch nie so erfahrbar gewesen wie in diesen Momenten. Mit zunehmender Erholung wurde mir aber auch das Gefühl der Dankbarkeit zugänglich für das Geschenk des Lebens, das ich bisher so selbstverständlich vorausgesetzt und in der Form einer grandiosen Defensivität einer vermeintlichen Eigenständigkeit zugewiesen hatte.

Glücklicherweise hielt sich der gesundheitliche Schaden in erträglichen Grenzen und erwies sich teilweise auch als kompensierbar. Die unwiederbringliche Beschädigung meiner leiblichen Ausstattung stellte mich allerdings vor eine neue, für mein Alter charakteristische Entwicklungsaufgabe: nämlich eine bisher noch nie so erlebte Todesangst schöpferisch zu integrieren und eine bisher noch kaum erahnte Form der Selbstreflexion und des Welterlebens, kurz der Neugestaltung meiner Wirklichkeit anzugehen. Die Erfahrung eines Schlaganfalls ist nicht leicht zu verarbeiten. Die leibhafte Erfahrung, hilflos diesem Prozess ausgeliefert zu sein und schlagartig von den Beinen gerissen zu werden, ohne überhaupt noch über irgendeine Steuerungsmöglichkeit zu verfügen, schüttelt die eigene Struktur mächtig durch.

Transgenerative Entwicklungsförderung

Im Märchen hat das Verhalten und Erleben des Enkelkindes das Gefüge seiner Familie grundlegend verändert. Es handelt sich hierbei um eine heilsame Wandlung, weil sie die Entwicklung aller weiterführt. In der Psychoanalyse sprechen wir hier in Anlehnung an Kohut, Balint oder Winnicott von Selbsterneuerung, Neubeginn oder Wiederbelebung. Ich möchte nun den Gedanken der Ressourcen in der Beziehung zwischen Großeltern und Enkelkindern am eigenen Beispiel wieder aufgreifen. Als mich eine meiner Töchter im Krankenhaus besuchte, brachte sie mir ein Bild und einen Brief von ihrer damals siebenjährigen, gerade ins zweite Schuljahr gekommenen Tochter mit an mein Krankenbett. Meine Enkeltochter hatte das unten folgende Bild spontan für mich gemalt und noch einen lieben Brief dazu verfasst. Ich war von dem Geschenk tief berührt und erlebte es als wichtigen Schub in meinem Bemühen, mich von den Folgen des Schlaganfalls zu erholen und mich möglichst bald wieder selbst zu übernehmen.

Meine fünf bis dato geborenen Enkelkinder winken mir alle aus dem Bild zu, und gleichzeitig bin ich selbst unter den Winkenden und auf ein kleines Podest platziert. Ich nehme das so wahr, dass ich für alle wichtig bin, sie mich freudig begrüßen, und dass sie damit gleichzeitig verbinden, wie viel Spaß es macht, wenn wir etwas zusammen machen. Ich höre sie alle rufen: »Hallo Opa, werde schnell wieder gesund und komm bald wieder, wir wollen noch viel mit dir machen und uns noch oft mit dir unseres Lebens freuen!«

In dieser berührenden Szene mit meiner ältesten Enkeltochter kam in prototypischer Weise zum Ausdruck, welche Bedeutung Enkelkinder und Großeltern füreinander haben können. Großeltern sind nicht nur wichtige Entwicklungsobjekte für die Kinder, sondern auch umgekehrt ergeben sich immer wieder Konstellationen, in denen Enkelkinder ihre Großeltern bei der Bewältigung ihrer Entwicklungs- und Lebensaufgaben anregen und ermutigen. Die Erleichterung über den relativ glimpflich verlaufenen Schlaganfall und die rührenden Liebesgrüße meiner Enkeltochter vermischten sich zu bewegenden Glücksgefühlen. Sie steigerten meinen Elan, meine glücklicherweise relativ geringen Ausfallerscheinun-gen durch intensives Trai-ning wieder zu beheben. Auch der beigefügte Brief beglückte mich in mehrfacher Hinsicht:

Einmal beeindruckte mich, wie spontan und un-gehemmt sich meine En-keltochter auszudrücken vermochte. Schon sehr früh hatte sie übrigens den Wunsch geäußert, Schrift-stellerin zu werden. Meine Freude über diesen Kinder-brief könnte eine Ermuti-gung für sie sein, diesen eigenen Weg in einer pri-mär sportlichen Familie zu gehen. Hier kann sie auf meine Zuversicht und Er-mutigung bauen. Zweitens freute ich mich über ihre Eltern, denen es offenbar gelungen ist, ihrem Kind das Bedürfnis, sich schriftlich mitzuteilen, nicht durch eine Forcierung der Rechtschreibung auszutreiben. Da beide von Beruf Lehrer sind, freut mich diese pädagogische Kompetenz ganz besonders. Ich erlebte das auch als einen beruhigenden Hinweis, dass meine Tochter es offenbar nicht nötig hatte, Hausarbeitsdramen, wie sie mit mir – noch bar jeder analytischen Selbsterfahrung – leider vorgekommen waren, zu wiederholen. Meine Enkeltochter ermutigte mich so auf liebevolle Weise, möglichst bald wieder gesund zu werden. Sie half mir dabei, die schreckliche Erfahrung produktiv in meine Wirklichkeit zu integrieren. So wurde sie quasi in dieser Situation zu einem »Entwicklungsobjekt« für mich, wie es in der analytischen Kinder- und Jugendlichenpsychotherapie heißt (Westram 2006). Hierbei findet quasi eine »Parentifizierung« im gesunden Sinne statt, die nichts mit den pathologischen Vorgängen zu tun hat, wo die Eltern ihre Kinder be*nötigen*, um ihre eigenen Ängste abzuwehren (Heisterkamp 1983).

Meine Enkeltochter war mit ihren siebeneinhalb Jahren in dem Alter, in dem sie sich der Lebenszyklen bewusst wird und ein wachsendes Interesse an den Fragen des Lebens und des Todes hat und dabei auch offen ist für erste Vorbilder ihrer Umgebung. Meine Bemühungen um eine adaptive und schöpferische Bewältigung meiner neuen Lebenssituation wurden für sie, die diesen Prozess mit liebevoller kindlicher Sorge begleitete, vermutlich ebenfalls zu einer neuen Erfahrung, die ihre Wahrnehmung vom Rhythmus des Lebens zwischen seinen natürlichen Grenzen von Geburt und Tod bereicherte und eine neue Entwicklungsebene des Bewusstseins und der altersgemäßen Reflexion evozierte.

»Tradition« als intersubjektives Geschehen

Bei der vielfach berufenen Weitergabe der Kultur von der älteren zur jüngeren Generation handelt es sich keineswegs, wie die Sprache nahe legt, um einen linearen Prozess. Die Wirkungen zwischen Großeltern und Enkelkindern sind nämlich wechselweise. In einer späteren Veröffentlichung möchte ich ausführlich herausarbeiten, dass im günstigen Falle beide füreinander Entwicklungsobjekte sind, insofern jede Generation die andere bei der Bewältigung ihrer jeweiligen Entwicklungsaufgabe fördert und ermutigt. So verliehen mir die Liebesgrüße meiner Enkelin neue Lebensimpulse und vermittelten mir einen tiefen psychologischen Sinn meiner Altersphase. Letztlich rief sie mich beim Namen und verwies mich erneut auf das Geschenk meiner Lebendigkeit und meiner Bedeutung in meinem familiären und erweiterten sozialen Kreis. Und meine Enkeltochter machte darüber auch ihre entwicklungsförderlichen Erfahrungen.

Die Wirkungszusammenhänge formen sich jedoch noch komplexer aus, insofern die Reaktionen der liebevoll besorgten Enkeltochter sowohl die Wahrnehmung meiner eigenen Kindheit beeinflusst haben als auch »eine zweite Chance« für die Beziehung zu meiner Tochter, der Mutter meiner Enkeltochter, eröffneten. An dieser Stelle gewinnt vielleicht auch der Leser einen Eindruck von den ungeheuer vielfältigen und komplexen Vorgängen der transgenerationalen Wirkungszusammenhänge, die die Welt von gestern, von heute und morgen umorganisieren. So haben die wunderschönen Liebeserklärungen meiner Enkelkinder, selbst wenn sie noch nicht einmal zwei Jahre alt sind, auch frühe Liebesgefühle zu meinen eigenen Kindern bzw. zu meinen eigenen Eltern hervorgebracht, entstehen lassen. Entsprechend meinem Entwicklungsstand konnte ich sie weiter vom Schutt notgeborener Sicherungs- und Abwehrformen befreien. Darüber eröffnete sich auch für die Beziehung zu den eigenen Kindern eine neue Entwicklungschance. Der Spielraum der bisherigen Lebensbewegung wird weiter. In diesem Sinne bieten uns unsere Kinder und Kindeskinder immer wieder *development-helps* im Sinne von Anna Freud (1980).

Wenn von Tradition gesprochen wird, legt eine solche Formulierung die einseitige Weitergabe eines Etwas von der früheren an die spätere Generation nahe. Das entspricht aber nicht den zirkulären und komplexen Wirkungszusammenhängen zwischen Großeltern und Enkelkindern, wie die obigen Beispiele zeigen. Die Begegnungen zwischen Großeltern und Enkelkindern bieten die Chance einer wechselseitigen Entwicklungsförderung, insofern jede Generation die andere bei der Bewältigung ihrer jeweiligen Entwicklungsaufgaben mit ihren immanenten Spannungen unterstützen und ermutigen kann. Im ungünstigen Falle missraten die transgenerationalen Wirkungszusammenhänge zu *Benötigungen* des einen durch den anderen und fixieren Großeltern und Enkelkinder auf ihren jeweiligen Entwicklungsstand, erzeugen quälende Wiederholungen und belastende seelische Verwerfungen. In den entwicklungsförderlichen Konstellationen führt die Teilhabe an den jeweiligen Erfahrungen zu einer Vertiefung der eigenen Wirklichkeit. Die Wechselseitigkeit wird noch komplexer, wenn man bedenkt, dass die schöpferischen Beziehungen zwischen Großeltern und Enkelkindern eine zweite Chance darstellen für die Beziehung zwischen dem Großvater als Vater und seiner Tochter als Mutter der Enkeltochter. Darüber hinaus strahlen auch die Erfahrungen, wenn die zweite Chance zwischen Vater (Großvater) und Tochter (Mutter) genutzt wurde, wieder auf die Beziehung von Tochter und Mutter aus. Die möglichen Auswirkungen auf die anderen Familienmitglieder seien hier nur erwähnt. Bei diesen vielfältigen Wechselwirkungen von der linearen Vorstellung einer Tradition, z. B. von Wissen oder Werten auszugehen, kommt einer Verleugnung des transgenerationalen Wirkungsgeschehens und der damit verbundenen förderlichen und hemmenden Folgen gleich.

Vor dem Hintergrund der kulturhistorischen Evolutionstheorie von Greenspan und Shanker (2007), nach der sich in dem frühen emotionalen Austausch zwischen den Bezugspersonen und den Kleinkindern die Voraussetzungen menschlichen Denkens herausbilden und dabei im Zeitraffer einen Entwicklungsprozess von Millionen von Jahren wiederholen, der sowohl in positiver als auch in negativer Entwicklungsrichtung offen ist, zeigt sich hier ein noch weitgehend unerschlossenes Feld für die Bedeutung der Rolle der Großeltern.

Literatur

Alexander F (1956) Psychoanalysis and Psychotherapy. New York (Norton & Company).

Freud A (1980) Wege und Irrwege in der Kinderentwicklung. In: Die Schriften der Anna Freud. Bd. VIII. München (Kindler) 2121–2359.

Freud A (1984) Das Ich und die Abwehrmechanismen. Frankfurt a. M (Fischer).

Dornes M (1993) Der kompetente Säugling. Die präverbale Entwicklung des Menschen. Frankfurt a. M. (Fischer).

Dornes M (1997) Die frühe Kindheit. Entwicklungspsychologie der ersten Lebensjahre. Frankfurt a. M. (Fischer).

Dornes M (1999) Von Freud zu Stern. Klinische und anthropologische Implikationen der psychoanalytischen Entwicklungstheorie. Psychotherapeut 2: 74–82.

Enquist P (2003) Großvater und die Wölfe. München, Wien (Hanser).

Greenspan SI, Shanker SG (2007) Der erste Gedanke. Frühkindliche Kommunikation und die Evolution menschlichen Denkens. Weinheim, Basel (Beltz).

Heisterkamp G (1983) Familientherapie als Wirkungsanalyse. In: Mohr F (Hg) (1983) Beiträge zur Individualpsychologie 4. München (Reinhardt) 19–25.

Heisterkamp G (2002) Basales Verstehen. Handlungsdialoge in Psychotherapie und Psychoanalyse. Stuttgart (Pfeiffer bei Klett-Cotta).

Heisterkamp G (2004) Enactments: basale Formen des Verstehens. Psychoanalyse und Körper 5: 103–130.

Heisterkamp G (2007a) Praxis der Analyse seelischer Lebensbewegungen. In: Geißler P, Heisterkamp G (Hg) (2007) Psychoanalyse der Lebensbewegungen. Zum körperlichen Geschehen in der psychoanalytischen Therapie. Wien (Springer) 299–340.

Heisterkamp G (2007b) Kunstwerke psychotherapeutischer Behandlung. In: Trautmann-Voigt S, Voigt B (Hg) (2007) Körper und Kunst in der Psychotraumatologie. Methodenintegrative Therapie. Stuttgart (Schattauer) 69–84.

Helbling C (Hg) (1990) Kinder- und Hausmärchen. Gesammelt durch die Brüder Grimm. Bd.1. Zürich (Manesse).

Hillman J (2005) Vom Sinn des langen Lebens. Wir werden, was wir sind. München (DTV).

Kühn R (2007) Der unsichtbare Leib. Affektivität und Fleisch in phänomenologischer Sicht. In: Geißler P, Heisterkamp G (Hg) (2007) Psychoanalyse der Lebensbewegungen. Zum körperlichen Geschehen in der psychoanalytischen Therapie. Wien (Springer) 595–613.

Merleau-Ponty M (1966) Phänomenologie der Wahrnehmung. Berlin (DeGruyter).

Panzer F (Hg) (o. J.) Kinder- und Hausmärchen der Brüder Grimm. Wiesbaden (Vollmer).

Salber W (1987) Psychologische Märchenanalyse. Bonn (Bouvier).

Stern DN (1998) Now-moments und Vitalitätskonturen als neue Basis für psychotherapeutische Modellbildungen. In: Trautmann-Voigt S, Voigt B (Hg) (1998) Bewegung ins Unbewusste. Frankfurt a. M. (Brandes & Apsel) 82–96.

Stern DN (2005) Der Gegenwartsmoment. Veränderungsprozesse in Psychoanalyse, Psychotherapie und Alltag. Frankfurt a. M. (Brandes & Apsel).

Westram J (2006) Der Therapeut als Realobjekt. Analytische Kinder- und Jugendpsychotherapie 47: 209–237.

Korrespondenzadresse:
Prof. Dr. Günter Heisterkamp
Stolsheide 5
40883 Ratingen
E-Mail: *guenter.heisterkamp@gmx.de*

Reinhard Plassmann

Die Kunst des Lassens

Reinhard Plassmann (Hg.)

Im eigenen Rhythmus

2007 · 355 Seiten · Broschur
ISBN 978-3-89806-808-6

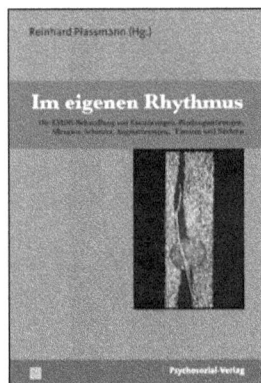

2008 · 211 Seiten · Broschur
ISBN 978-3-89806-753-9

Wie fördert man seelische Heilungs- und Wachstumsprozesse? Vor dieser Herausforderung steht die wissenschaftliche Psychotherapie seit nunmehr 100 Jahren. Entscheidende Fortschritte sind in den letzten Jahren durch die neuen Methoden der modernen Traumatherapie möglich geworden. Gleichzeitig hat uns die moderne Hirnforschung Einblick gegeben, wie das Gehirn emotionale Belastungen verarbeitet.

Das Buch beschreibt mit vielen Fallbeispielen auf sehr lebendige Weise, wie das EMDR und die moderne Hirnforschung die Psychotherapie auf eine völlig neue Grundlage gestellt und uns neue Möglichkeiten an die Hand gegeben haben. Es erläutert dem Fachmann die Arbeitsweise und deren wissenschaftliche Grundlagen und potenziellen Patienten, wie ihr Weg durch den Heilungsprozess aussieht, bei Essstörungen, Borderlinestörungen, Traumafolgestörungen und bei allen durch emotionale Überlastung entstandenen Erkrankungen.

Weil Emotionen direkt mit dem Körper in Verbindung stehen, treten bei starken emotionalen Belastungen regelmäßig körperliche Störungen auf, beispielsweise Magersucht, Bulimie, Allergien, Schmerzen, Tinnitus, Süchte und Kopfschmerzen. Mit erstaunlichem Erfolg haben nun einzelne innovative Therapeutinnen und Therapeuten begonnen, solche emotional bedingten Störungen mit EMDR zu behandeln, und berichten in diesem Buch darüber.

Das Buch gibt Behandelnden und Patienten einen sehr ermutigenden Einblick in die neu entwickelten Behandlungsmöglichkeiten dieser Erkrankungen. Behandelnde finden präzise Anleitungen für innovative Anwendungen von EMDR, Patienten können ihren Informationsstand über moderne Behandlungsverfahren verbessern.

Walltorstr. 10 · 35390 Gießen · Tel. 06 41 - 96 99 78-18 · Fax 06 41 -96 99 78-19
bestellung@psychosozial-verlag.de · www.psychosozial-verlag.de

Ekel in der Pflege

Auswertung eines Fragebogens

Silvia Winter und Alexis Matzawrakos (Graz)

Zusammenfassung

Wenn man an alte Menschen denkt, hat man nicht die Vorstellung von einem »idealen Körperbild«. Ältere Menschen werden vor allem durch Jüngere nicht selten als »ekelig« empfunden, insbesondere dann, wenn man, wie in der Pflege, mit Erbrochenem, unkontrollierten Ausscheidungen, Zahnprothesen oder Dekubiti in Kontakt kommt. Dies Ekelgefühl kann sich zuspitzen, wenn gerontopsychiatrische Patienten aufgrund demenzieller Prozesse zur sogenannten Koprophagie, zum Essen von Kot neigen. Dabei gilt es, Patienten empathisch, einfühlsam und so rasch wie möglich vom ekelerregenden Erscheinungsbild zu befreien. Die eigenen Gefühle werden dabei in den Hintergrund gestellt. Was bedeutet es für Pflegepersonen, mit solch ekelerregenden Situationen konfrontiert zu werden? Welche Gefühle werden ausgelöst und inwieweit werden diese Gefühle im Team reflektiert? Werden die Gefühle dadurch beeinflusst, wenn man ähnliche Erfahrungen mit älteren Menschen in der eigenen Familie gemacht hat?

*Stichwort*e: Ekel, Befragung, Pflege, Vorerfahrungen, Zukunftsängste

Abstract: Disgust during nursing – analysis of a questionaire

When we think about elderly people we do not think about ideal body images. Especially younger people tend to think about elder ones as disgusting, particularly when they get in contact with vomit, uncontrolable expulsion, denture or decubitus. These feelings of disgust are likely to increase when gerontopsychiatric patients – due to demential processes – tend to eat their own feces, which is called coprophagia. Here it is important to be empathic, sensitive and quick in getting rid of this disgusting appearance. Personal feelings have to be put aside. What does it mean to a care worker to be confronted with such a disgusting situation? Which feelings are being provoked and to what extent are these feelings reflected within the team? Are these feelings influenced by similar experiences with elderly people within the own family?

Key words: disgust, interview, care, experience, anxieties in regards to the future

Einleitung

Ekel hat sich als Schutzfunktion im Laufe der Evolution entwickelt, er ist angeboren und soll vor unangenehmen Erfahrungen und Infektionen schützen. Es ekelt uns fast ausschließlich vor Substanzen, die aus dem Körper ausgetreten sind, daher keine Funktion mehr erfüllen, verwesen und damit potenziell giftig sind. Für die Auslösung von Ekel ist u. a. entscheidend, dass der Anschein von Krankheit gegeben ist. Es ekelt etwa vor Erbrochenem ebenso wie vor Nasensekret mit trüb-schleimiger Konsistenz, weil man damit Pathologisches assoziiert. Der Ort, an dem die Ausscheidungen aufgefunden werden, ist ebenfalls für die Entwicklung von Ekel wichtig. Kot auf dem Boden, an der Wand oder gar im Mund eines Dementen ist ekelerregender als in der Bettschüssel oder in der Windel, weil kulturell erworbene Grenzen überschritten werden. Die Gefahr, dass in der Begegnung mit alten Patienten ekelerregende Situationen auftreten, wird durch eine zunehmende Multimorbidität mit einem Nachlassen der Körperfunktionen und einer Beeinträchtigung der körperlichen Selbstständigkeit wahrscheinlicher.

In den Berufen als ÄrztInnen, Diplomkrankenschwestern/-pfleger und PflegehelferInnen muss man in die Intimsphäre anderer Menschen eingreifen und dabei einerseits deren Schamgrenzen und Tabus durchbrechen, andererseits den eigenen Ekel überwinden. In der Ausbildung im medizinischen Bereich wird oft illusionär erwartet, dass man Ekelgefühle und ähnliche Empfindungen unterdrücken könne. Man müsse sich dafür schämen und starke Emotionen aus Selbstschutz abwehren.

Medizinische Berufe haben ein breites Spektrum von Distanzierungsmethoden entwickelt. Sie fühlen sich als »Ekel-Profis« und versuchen daher alles Mögliche, um dieses Gefühl abzuwehren. Zu einer solchen inneren Distanzierung gehört eine besondere Sprache: Bettlägerige Patienten werden verniedlicht und verkindlicht, in dem ihnen Kosenamen gegeben und sie mit Du angesprochen werden, oder die ganze Situation wird verharmlost (»Ich geh jetzt Windeln wechseln«). Eine Distanzierung wird sprachlich mit Scherzen, Witzen und schwarzem Humor versucht ebenso wie mit schwer verständlichen Fremdwörtern, die als Euphemismen den Ekel verschleiern sollen. Rituale nach der Reinigung wie Rauchen und Kaffeetrinken vertreiben den Geruch der Ausscheidungen.

Methoden der äußerlichen Distanzierung gestalten den unmittelbaren Patientenkontakt. Handschuhe dienen nicht nur dem Schutz vor Infektionen, sie schaffen auch Distanz und verringern Ekel- und Schamgefühle. In ekelhaften (Pflege-)Situationen verlässt man gerne das Krankenzimmer unter dem Vorwand, etwas vergessen zu haben bzw. etwas holen zu müssen, um Zeit, Abstand und Gefasstheit zurückzugewinnen.

Gelingt eine solche Distanzierung nicht, so zeigt sich dies in Aggression gegenüber den Patienten oder in einer despektierlichen Art und Weise, über die Situation zu sprechen. Oft fühlt man sich als Mensch schlecht, weil man Ekel empfunden hat, oder reagiert mit Zorn auf sich selbst. Solche Reaktionen haben Nachwirkungen, sie führen beispielsweise zu Schlafstörungen oder können sogar Anlass sein, selbst krank zu werden.

Häufig treten auch innere Bilder, Gefühle und Erinnerungen auf, die in solchen Begegnungen geweckt werden. Diese wirken sich verstärkend auf die Entwicklung von negativen Gefühlen zu den Patienten aus. Oft zeigen sich Wiederholungsmuster, die man in früheren (positiven oder negativen) Begegnungen mit alten Menschen gemacht hat. Erlebnissen mit den eigenen Großeltern, Erzählungen Anderer, Szenen aus Büchern, Märchen, Filmen können ebenfalls unsere Altersbilder und Ekelempfindungen beeinflussen. Solche *Vorerfahrungen* können aber auch schützen und dabei helfen, sich zu distanzieren und sich abzuhärten. Sie ermöglichen auch, mehr Verständnis zu entwickeln, um mit mehr Gelassenheit und Routine agieren zu können. Hat man solche Situationen schon häufiger überstanden, kann man das Gefühl haben, durch Erfahrung ›Herr der Lage‹ zu sein. Die Konfrontation mit älteren Kranken und Sterbenden kann auch eigene *Zukunftsängste* schüren: *Passiert mir das Gleiche, wenn ich alt bin?*

Methode

Zur Klärung dieser Thematik haben wir eine Befragung im Pflegeteam der Abteilung für Gerontopsychiatrie der Landesnervenklinik Graz durchgeführt. Die Abteilung besteht aus vier Schwerpunktstationen, jeweils einer (Sub-)Akutstation mit geschütztem Bereich für Frauen und für Männer, einer gemischten Station für Patienten mit kognitiven Störungen und einer psychotherapeutischen Station für Patienten mit affektiven Störungen.

Der von uns entwickelte Fragebogen beinhaltet 25 Fragen, zu denen auch drei offene Fragen gehören, deren Antworten erst nachträglich kategorisiert wurden. Der erste Teil des Fragebogens diente dazu, mit demografischen Fragen sowie Fragen zum Pflegeaufwand und zu den Anforderungen an das Team den Standort der befragten Pflegekraft zu bestimmen. Im zweiten, spezifischen Teil ging es um Fragen zum Umgang mit ekelerregenden Situationen und zu Vorerfahrungen und Zukunftsängsten, die im Umgang mit alten Patienten eine Rolle spielen.

Ergebnisse

Allgemeiner Teil

110 Fragebögen wurden ausgeteilt. Von den 78 retournierten Fragebogen (Rücklaufquote 70,9 %) wurden 59 von weiblichen und 16 von männlichen Pflegekräften (3 ohne Angabe) ausgefüllt, die zwischen 20 und 59 Jahre alt sind (Durchschnittsalter 36 Jahre) und zwischen einem und 33 Jahren arbeiten (durchschnittlich 10 Dienstjahre). 32 haben das Psychiatrische Gesundheits- und Krankenpflegediplom, 16 das Allgemeine Krankenpflegediplom und 30 die Ausbildung zum/zur PflegehelferIn.

Zu den Fragen nach dem Pflegeaufwand und nach den Krankheitsbildern, mit denen die Befragten hauptsächlich auf der Station konfrontiert sind, nennen 69 Verwirrtheitszustände/Demenzen, 61 Beeinträchtigungen durch Verlust der körperlichen Selbstständigkeit, 53 Multimorbidität und 51 Affektive Störungen (Mehrfachnennungen). Nur 16 geben an, dass sie lediglich 0 bis 5 Bettlägerige auf der Station mit 28 Betten haben, 41 kreuzen an, dass sie mehr Bettlägrige haben, 21 sogar über 15. Die zwei häufigsten Selbstfürsorgedefizite, die bei diesen (teil-)mobilen PatientInnen auftreten, betreffen das Waschen und Sauberhalten und die Ausscheidung. Meist sind nur wenige, d. h. bis zu 5 selbstständige PatientInnen auf einer Station.

Spezifischer Teil

Im speziellen Teil des Fragebogens wurde aufgefordert, die erste ekelerregende Situation (und falls diese nicht mehr erinnerlich ist, die am stärksten ekelerregende Situation) aus der Erinnerung zu beschreiben. Die Antworten wurden von uns nachträglich kategorisiert.

Insgesamt 54 von 78 Pflegekräften hatten Ekel empfunden (Mehrfachnennung möglich). Andere Gefühlsreaktionen sind deutlich in der Minderzahl (18 Gelassenheit, 16 Besorgnis, 4 Wut/Zorn bzw. Angst). Als besondere Anlässe für das Entstehen von Ekelgefühl wurde drei Mal der Anblick von »Maden in der Wunde« benannt und einmal »Spulwürmer erbrochen«.

Verhaltensweisen als Reaktion auf diese ekelerregende Situation, an die man sich erinnern kann, wurden von uns auch danach kategorisiert, welche Formen der Distanzierung beschrieben wurden. Nur 10 von 207 Nennungen weisen auf eine mangelnde Distanzierungsfähigkeit hin. Die 9 Pflegekräfte, die Angaben im Sinne einer mangelnden Distanzierungsfähigkeit machten, hatten besonders viel mit bettlägrigen Patienten zu tun. Ihre sonstigen Aussagen fielen aber nicht weiter auf, Ekelreaktionen, die sich negativ auf Patienten auswirken könnten (»mit Aggression reagieren«, »weiteren Körperkontakt vermeiden«, »Scherze, Witze machen« etc.), werden von 31 Pflegekräften 46 Mal genannt. Auch diese Pflegekräfte antworteten sonst unauffällig.

		Anzahl der retournierten Fragebögen (N=78)	
		n	%
Erste (bzw. die am stärksten) ekelerregende Situation	Erbrechen	14	18
	Sputum	29	37
	Wunden	8	10
	Mundpflege	4	5
	Stuhl putzen	14	18
	Stuhl essen	11	14
	Stuhl werfen	15	19
	Versorgung Verstorbener	3	4
	Harn	2	3
	Blut	1	1
	Gerüche	5	6
	Besonderes	15	19
Was haben Sie unmittelbar daraufhin empfunden?	Wut/Zorn	4	5
	Angst	4	5
	Gelassenheit	18	23
	Ekel	54	69
	Panik	1	1
	Besorgnis	16	21
	Andere	7	9
Methoden der Distanzierung	Innere Distanzierung	68	87
	Äußere Distanzierung	81	104
	Vermehrte Hygiene im Dienst als Mischform	48	62
	Nicht distanziert	10	13
	Verhaltensweisen, die sich auf den Patienten negativ auswirken könnten	46	87

Tabelle 2: Ekelerlebnisse und Distanzierungsmethoden (n= Anzahl der Antworten)

Ihre Gefühle und Verhaltensweisen auf ekelerregende Situationen sprachen 51 von 78 Antwortenden im Team an. Keiner von ihnen hatte sich dabei geschämt bzw. Angst gehabt, ausgelacht zu werden. Nur einer hatte gedacht, dass dies nicht akzeptiert werde. Auf die Frage, ob sich die Gefühle/Verhaltensweisen darauf verändert hätten, antworteten mehr als zwei Drittel mit Nein. Nur bei 6 Pflegekräften wurden durch die Aussprache die negativen Emotionen reduziert und bei weiteren 6 wurde der Kontakt zu dem betreffenden Patienten angenehmer. Fünf fühlten sich nur wenig belastet und 3 hatten ein geringes Bedürfnis nach Distanz.

Die Hälfte der Pflegekräfte hatte über die ekelerregende Situation außerhalb des Teams gesprochen, 18 mit ihrem Partner, 18 in der Familie und 15 mit Freunden (Mehrfachnennungen). Nur einer sprach darüber in einer Supervision.

40 Pflegekräfte gaben an, dass sich Gefühle und Verhaltensweisen in ekelerregenden Situationen im Laufe der Zeit durch Berufs- und Lebenserfahrung verändert haben (Mehrfachnennungen). Das Bedürfnis nach Distanz zu Patienten wurde bei 9 geringer, bei 21 lösten solche Situationen weniger negative Emotionen aus, für 18 wurde der Kontakt angenehmer und bei 8 wurde die Belastungsreaktion schwächer.

Stellenwert von Vorerfahrungen im Umgang
mit ekelerregenden Situationen im privaten Umfeld

18 Pflegekräfte hatten konkrete (Krankheits-/Pflegefälle in der Familie, Erlebnisse mit den eigenen Großeltern etc.) und 24 eher abstrakte Vorerfahrungen (aus Erzählungen Anderer, Szenen in Filmen, Büchern und Märchen etc.) mit solchen Situationen. Die Vorerfahrungen mildern die Ekelreaktionen eher ab. 18 hielten ein Ansprechen im Team nicht für notwendig, diese hatten häufig Vorerfahrungen mit solchen Krankheitsfällen. Schwierige Erlebnisse mit den Großeltern waren häufig mit dem Bedürfnis verbunden, darüber zu sprechen. Pflegekräfte, die nur über abstrakte Vorerfahrungen verfügten, hatten ein höheres Bedürfnis, darüber zu sprechen.

Zukunftsängste

Angst vor solchen Krankheiten lag bei 29 von den antwortenden 78 Pflegekräften vor. Diese 29 haben absolut und relativ am meisten mit verwirrten bzw. dementen und bettlägrigen Patienten zu tun – 16 von ihnen haben jeweils mehr als 10 Bettlägrige auf der Station zu betreuen. Hinsichtlich der Zukunftsängste zeigten sich zwischen den Pflegekräften, die Angst haben, selbst eine psychische Alterskrankheit zu bekommen, und den 18 Pflegekräften, die ein

		NNE (n=18)		ITA (n=51)	
		N	%	N	%
Welche Vorerfahrungen haben Personen, die es nicht für nötig erachten, Gefühle/Reaktionen anzusprechen, im Vergleich zu denen, die sie ansprechen?	Krankheitsfälle/Pflegefälle in der Familie	3	17	7	14
	Begegnungen mit alten Menschen	1	6	2	4
	Erlebnisse mit den eigenen Großeltern	0	0	6	8
	Erzählungen anderer	1	6	9	18
	Szenen aus Filmen/Büchern/Märchen	2	11	10	20
Welche Zukunftsängste haben diese Personen?	Gedanke, mir könnte das gleiche passieren	7	41	27	53
	Angst vor Krankheiten	6	35	22	43
	Angst vor dem Alterwerden	7	41	22	43
	Angst vor dem eigenen Tod	1	4	10	21

Tabelle 3: Vorerfahrungen und Zukunftsängste (NNE = Nicht für notwendig erachtet anzusprechen, ITA = im Team angesprochen)

Ansprechen von Ekelgefühlen im Team nicht für notwendig erachten, kaum Unterschiede. Lediglich die Pflegekräfte, die Angst vor dem Tod angaben, sprachen ihre Gefühle und Verhaltensweisen häufiger an.

Solche Zukunftsängste sind zu Beginn der Berufstätigkeit stark, schwächen sich dann im Laufe des Berufslebens ab und werden um das 50. Lebensjahr wieder sehr stark.

Korrespondierend dazu sind Ekelgefühle zu Beginn der Berufstätigkeit sehr stark, schwächen sich dann aber ab und werden später wieder sehr stark.

Die Befragten hatten das Gefühl, dass man Ekel in der Krankenpflege äußern darf. 92% fanden Verständnis und Unterstützung von Ihren KollegInnen (gut bis sehr gut) und 79% von ärztlicher Seite. 72% der Befragten waren der Meinung, dass Ekel kein Tabuthema mehr sei. Sie schlugen deshalb auch vor, solche Situationen im Team anzusprechen (11 Nennungen).

		Anzahl der retournierten Fragebögen (N=78)	
		n	%
Inwiefern glauben Sie, dass Vorerfahrungen eher schützen vor ekelerregenden Situationen am Arbeitsplatz bzw. eher verstärken im negativen Sinn?	Helfen sich zu distanzieren	24	31
	Durch meine Erfahrung mehr Verständnis	39	50
	Gewöhnungseffekt	35	45
	Mehr Gelassenheit und Routine	34	44
	Durch Erfahrung »Herr der Lage«	17	22
	Belasten durch Wiederholung	27	35
	Belasten durch Erschöpfung	22	28
	Man empfindet Schicksalhaftes	6	8
	Ich bringe negative Erinnerung in Verbindung	14	18

Tabelle 4: Mildern Vorerfahrungen Ekel?

Resümee

Das Ergebnis der Befragung bestätigt weitgehend folgende Aussage: »… selbst langjähriges Pflegepersonal [kann] Ekelgefühle nicht überwinden oder verlernen, sondern höchstens abschwächen und überspielen … Zu Beginn der Berufstätigkeit sind die Ekelgefühle sehr stark. Sie schwächen sich ab, können dann aber später wieder so stark werden, dass man sich überlegt, den Beruf zu wechseln« (Pernlochner-Kügler 2004, 25). Ekel ist ein Schutzmechanismus, der langfristig nicht überwunden werden kann.

Die Schwierigkeiten im Umgang mit ekelerregenden Situationen für Pflegekräfte werden in der Befragung offensichtlich:

➤ Nur zwei Pflegekräfte versuchen, über mehr Verständnis für den Patienten solche Situationen besser zu bewältigen (»Den alten Menschen verstehen versuchen« – »Den Hintergrund erforschen«).

➤ Vorerfahrungen, Altersbilder und höchstwahrscheinlich auch Zukunftsängste werden insgesamt wenig reflektiert. Alle 78 befragten Pflegekräfte müssten eigentlich in irgendeiner Form Vorerfahrungen haben.

➤ Mehr als ein Drittel der Pflegekräfte, die in der Gerontopsychiatrie arbeiten, haben Angst vor dem Altwerden.

➤ Supervision und Intervision bieten sich an, besser mit solchen Situationen umzugehen. Konkret wird nur von zwei Pflegekräften auf diese Möglichkeit hingewiesen und nur von einer wurde eine solche in Anspruch genommen.

➤ Konkrete Verbesserungsvorschläge zum Umgang mit ekelerregenden Situationen gibt es bisher kaum.

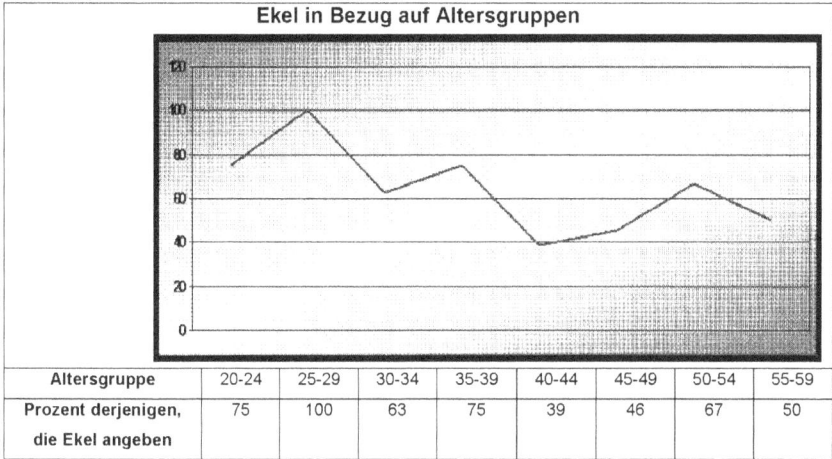

Altersgruppe	20-24	25-29	30-34	35-39	40-44	45-49	50-54	55-59
Prozent derjenigen, die Ekel angeben	75	100	63	75	39	46	67	50

Abbildung 7: Ekel in Bezug auf Altersgruppen

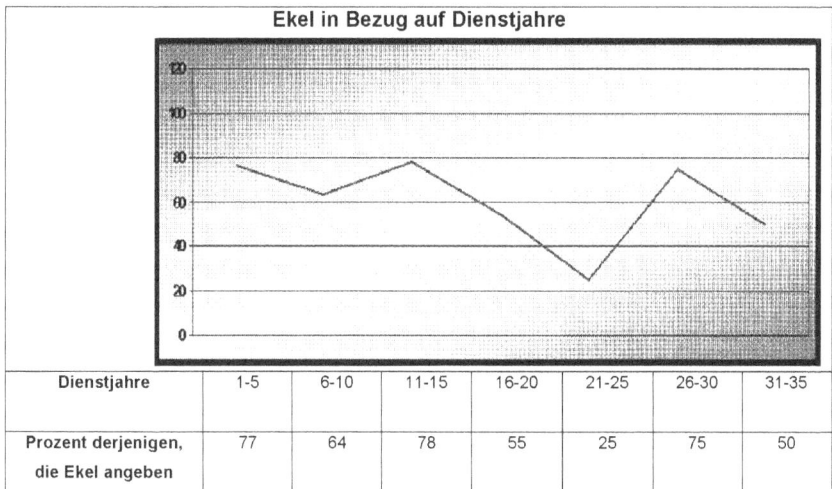

Dienstjahre	1-5	6-10	11-15	16-20	21-25	26-30	31-35
Prozent derjenigen, die Ekel angeben	77	64	78	55	25	75	50

Abbildung 8: Ekel in Bezug auf Dienstjahre

Literatur

Pernlochner-Kügler C (2004) Körperscham und Ekel – wesentliche menschliche Gefühle. Münster (LIT).

Gröning K (2005) Entweihung und Scham. Grenzsituationen in der Pflege alter Menschen. 4. Aufl.. Frankfurt (Mabuse).

Menche N, Bazlen U, Kommerell T (2001) Pflege heute. 2. Aufl.. München (Urban & Fischer).

Eibl-Eibesfeldt I (1984) Die Biologie des menschlichen Verhaltens. Grundriss der Humanethologie. 3. Aufl.. München (Piper).

Korrespondenzadresse:
DGKS Silvia Winter
Dr. med. Alexis Matzawrakos
Landesnervenklinik Sigmund Freud in Graz
Abteilung für Gerontopsychiatrie
E-Mail: *alexis.matzawrakos@lsf-graz.at*

Die Symposien »Psychoanalyse und Altern« in Kassel

Johannes Kipp (Kassel) und Eike Hinze (Berlin)

Seit 20 Jahren findet immer am ersten Dezemberwochenende (Freitag/ Samstag) das Symposium »Psychoanalyse und Altern« statt. Es wurde von Hartmut Radebold begründet und wird veranstaltet von der Arbeitsgruppe Psychoanalyse und Altern in Kooperation mit dem Institut für Psychoanalyse der Universität Kassel, dem Alexander-Mitscherlich-Institut für Psychoanalyse und Psychotherapie Kassel e.V. und dem Klinikum Kassel (Gerontopsychiatrisches Zentrum und Klinik für Psychosomatische Medizin und Psychotherapie).

Seit 20 Jahren findet immer am ersten Dezemberwochenende (Freitag/ Samstag) das Symposium »Psychoanalyse und Altern« statt. Es wurde von Hartmut Radebold begründet und wird veranstaltet von der Klinikum Kassel (Gerontopsychiatrisches Zentrum und Klinik für Psychosomatische Medizin und Psychotherapie).

Ziel ist es, aus psychoanalytischer Sicht das Wissen um das Alter und das Altern zu erweitern und psychotherapeutische Vorgehensweisen auch für diesen Lebensabschnitt zu fördern. Kennzeichnend für die Symposien sind jeweils zu den Referaten (30 Min.) gehörende gleichlange Diskussionszeiten, durch die der intensive wissenschaftliche Austausch gefördert und eine Fortschreibung des Erkenntnisstandes der Alterspsychotherapie ermöglicht wird.

Die Arbeitsgruppe Psychoanalyse und Altern

Die Arbeitsgruppe besteht aus Psychoanalytikern, die sich schwerpunktmäßig mit der Behandlung von älteren Menschen beschäftigen:
- ➤ Prof. Dr. Gereon Heuft (Münster)
- ➤ Prof. Dr. Dr. Rudi D. Hirsch (Bonn)
- ➤ Dr. Eike Hinze (Berlin)
- ➤ Dr. Johannes Kipp (Baunatal/Kassel)
- ➤ Dr. Helmut Luft (Hofheim)
- ➤ Dr. phil. Meinolf Peters (Marburg)
- ➤ Dr. med. Hartmut Radebold (Kassel)
- ➤ Dipl. Psych. Gertraud Schlesinger-Kipp (Kassel)
- ➤ Dipl. Psych. Christiane S. Schrader (Dreieich)
- ➤ Prof. Dr. Martin Teising (Bad Hersfeld/Frankfurt)

➢ Dr. Bertram von der Stein (Köln)
➢ Prof. Dr. Dr. Rolf Peter Warsitz (Kassel)

Jahr	Symp. Nr.	Titel
1989	1	Innerpsychische Bedeutung und Verarbeitung von Verlusten während des Alterns
1990	2	Übertragung und Gegenübertragung
1991	3	Entwicklungsprozesse
1992	4	Altwerden im Spiegel von Traum und Wirklichkeit
1993	5	Entwicklung und intergenerative Beziehungen im historischen Kontext
1994	6	Weibliche Identität und Altern
1995	7	Der alternde Mann
1996	8	Psychische Realität und äußere Realität im Alter
1997	9	Alternspsychotherapie – Quo vadis?
1998	10	Hysterie im Alter
1999	11	Wiederholung, Ritual und Zwang im Alter
2000	12	Therapieziele Älterer: Defizitorientierung oder Entwicklungsförderung?
2001	13	Übertragung, Gegenübertragung und Eigenübertragung – Die Bedeutung der Altersrelation
2002	14	Kriegsbeschädigte Kindheit (1932/35–1945/48) – Folgen und offene Fragen
2003	15	Zeitgemäßes über Krieg und Tod (S. Freud 1915) – Grenzen der Therapie

2004	16	Liebe, Lust und andere Leidenschaften im Alter – vergänglich, wandelbar, zeitlos?
2005	17	Die Zukunft des Alterns, Visionen und Illusionen
2006	18	Konflikte und Konfliktschicksale im Alter
2007	19	Sterben, Endlichkeit und Tod
2008	20	Der alternde Körper und wir

Die Arbeitsgruppenmitglieder bilden ein informelles Netzwerk, um den Austausch über Altersthemen zu fördern. Die Gründung der Zeitschrift *Psychotherapie im Alter* ist aus dieser Arbeitsgruppe hervorgegangen. Interessierte Psychoanalytiker können gerne in die Arbeitsgruppe aufgenommen werden.

Themen der Symposien

Mit folgenden Themen haben sich die Symposien bisher befasst:

Im Rahmen der Zeitschrift *Psychotherapie im Alter* (im Psychosozial-Verlag Gießen) wurden folgende dazu korrespondierende Themenbände erstellt:
- ➢ 11. Symposium: Wiederholung, Ritual und Zwang im Alter – PiA 2(2) 2005.
- ➢ 16. Symposium: Liebe, Lust und andere Leidenschaften im Alter – vergänglich, wandelbar, zeitlos? – PiA 2(3) 2005.
- ➢ 17. Symposium: Die Zukunft des Alters – Visionen und Illusionen. – PiA 3(3) 2006
- ➢ 18. Symposium: Konflikte und Konfliktschicksale im Alter. – PiA 4(3) 2007
- ➢ 19. Symposium: Sterben, Endlichkeit und Tod. – PiA 5(2) 2008
- ➢ 20. Symposium: Der alternde Körper und wir. – PiA 6(3) 2009

Das 21. Symposium 2009:
Zorn, Neid und weitere Leidenschaften

Das Symposium findet am 4. und 5. Dezember wieder im Gießhaus der Universität Kassel statt.
Diese Thematik wurde von der Arbeitsgruppe ausgewählt, weil es zu den verbreiteten Vorurteilen über das Alter gehört, dass heftige aggressive Affekte,

Leidenschaften und Triebimpulse alten Menschen oft nicht zuerkannt werden und auch im Umgang mit Älteren tabuisiert sind. Diese gesellschaftliche Verdrängung kann dramatische Folgen haben, wenn Verbotenes im Sinne der Wiederkehr des Verdrängten unkontrolliert in die Beziehung zwischen den Alten und Jungen, zwischen Patient und Therapeut durchbricht. Dramatische Zuspitzungen zeigen sich auch als Folge davon in der Gewalt gegen Altenheimbewohner bis hin zu Tötungen oder in einer unreflektierten Euthanasiebefürwortung. Werden solche Emotionen in Therapien mit Älteren verleugnet, kann dies zu schweren Enttäuschungen und zur Ablehnung einer weiteren Therapie führen.

Freud hat die Illusion von der Unschuld in der Kindheit zerstört: Hier geht es um die Illusion vom abgeklärten und bedürfnislosen Alten, der jenseits von Gut und Böse, also ohne Triebe und heftige Affekte sei. Auch Psychoanalytiker sind nicht frei von harmonisierenden Beschönigungsformeln, die letztlich den Kontakt zu alten Menschen erschweren. Desillusionierung, die auch schmerzhaft sein kann, macht aber den Weg frei, um mit alten Menschen offener und würdevoller umzugehen.

Für die Vorbereitung des 21. Symposiums sind Dr. Bertram von der Stein (E-Mail: dr.von.der.Stein@netcologne.de) und Dr. Eike Hinze (E-Mail: e.f.hinze@t-online.de) verantwortlich.

Korrespondenzadresse:
Dr. med. Johannes Kipp
Felsengarten 9
34225 Baunatal
E-Mail: *johanneskipp@t-online.de*

Besprechungen

Sibylle Heeg und Katharina Bäuerle (2008) Heimat für Menschen mit Demenz. Aktuelle Entwicklungen im Pflegeheimbau – Beispiele und Nutzungserfahrungen. Frankfurt (Mabuse) 281 S., 36,– €

Bin eben bei so einer Heimeinweihung gewesen, wieder hat ein Architekt sich und dem Investor ein Denkmal gesetzt. Außen alles edel vertäfelt, innen lichtdurchflutete verglaste Atrien und gleißend weiße Wände. Auf jedem Stockwerk die inzwischen obligatorische Küchenzeile im Gemeinschaftsbereich als Garant für ein »Hausgemeinschaftsprinzip«, das die »Dementen« über den Tag begleiten soll, wenn auch noch unklar ist, wie das Personalkonzept dies ermöglichen wird. Zur Sicherheit gibt es noch die Zentralküche oder den Caterer. Ach ja, Maltherapie und Clownbesuche werden geboten, einen Snoozelraum will man einrichten und den Therapiegarten vom Landschaftsarchitekten gestalten lassen.

Eine schöne Geldanlage in krisenreichen Zeiten, lauter neue Arbeitsplätze und ein markantes Zeichen im Stadtteil, direkt neben dem Parkplatz des Einkaufscenters. Darüber freut sich auch der Bürgermeister. Man ließ sich den Bau einiges kosten. Die Finanzierung klappte dank der verbandsnahen Stiftung und dem entspannten Kreditmarkt. Selbst der Vertreter des Sozialhilfeträgers nickte die Höhe der Investitionskosten ab.

Fast alle Projektentwickler, Investoren und Betreiber landauf, landab haben inzwischen bei Sibylle Heeg nachgelesen und können mit dem entsprechenden Vokabular den Kommunen und Kassen einen neuen Heimbau schmackhaft machen. Da gibt es den »Rundlauf« bei Bewegungsdrang und die farbpsychologisch fundierten Orientierungshilfen. Die wohnliche und doch pflegeleichte Standardmöblierung wird ebenso gerne mitgeliefert (fällt dann in die Gesamtsumme und lässt die Architekten mitverdienen), wie die strategisch platzierten »Erinnerungsinseln« (dann stören Pflegekräfte wenigstens nicht das ästhetische Gesamtkonzept durch laienhaft drapierten Trödel).

Spät, wenn überhaupt, werden die Verantwortlichen für Pflege und Hauswirtschaft einbezogen. Dann gelingt es ihnen nur selten, gegenüber so viel geballter und wohl artikulierter Kompetenz eigene Vorstellungen durchzusetzen. Fast nie ist die Architektur Ergebnis – ja Dienerin – eines vorab definierten Pflegekonzepts. Vielmehr scheint sich letzteres nachträglich irgendwie mit dem Gebäude zu arrangieren und alle sind froh, fällt doch ein Abglanz all der Eleganz auf die eigne, oft so unterbewertete Tätigkeit.

Diese Entwicklung ist keineswegs der Architektin Sibylle Heeg und ihren

Mitstreitern in die Schuhe schieben. Doch die Geschwindigkeit, mit der ihre Arbeiten von ihren Fachkollegen rezipiert werden, macht deutlich, dass die Architektur nicht nur Herrin über Raum und Statik sein will, sondern auch den Anspruch hat, die konzeptionellen und kulturellen Hausaufgaben gleich mitzuerledigen.

Sie, die Pflegekräfte und Heimleitungen, scheinen angesichts all der groß-formatigen Pläne, der perspektivisch verkürzten Zeichnungen von Foyer und Gartenbereich alles Selbstbewusstsein und jede Sprachfähigkeit einzubüßen, um ihr ureigenes Geschäft voranzubringen: Lebensräume zu gestalten, die alten Menschen zu einer letzten Beheimatung verhelfen.

Ein erster Schritt, um dieses Selbstbewusstsein und die Sprechfähigkeit herzustellen, wäre die sorgfältige Auseinandersetzung mit Veröffentlichungen wie der vorliegenden. Wenn der Titel auch etwas euphemistisch »Heimat für Menschen mit Demenz« verheißt, so informiert der Untertitel doch, um was es geht: um die »Rekapitulation der jüngsten Geschichte des Pflegeheimbaus für Menschen mit Demenz anhand von Beispielen, die oft schon Modellstatus« haben. Die Autorinnen haben solche Einrichtungen nach einem einheitlichen Raster analysiert und zeigen neben den jeweiligen Stärken auch die Mängel auf, die sich im Betrieb herausgestellt haben. Damit ist ein Lern- und Orientierungsbuch für alle entstanden, die mit Pflege zu tun haben und mitreden wollen – ganz unabhängig, ob sie vor der Entscheidung stehen, eine neue Einrichtung zu bauen oder nur im eignen Haus nach Veränderung streben. Heilsam ist bei Heeg und Bäuerle die Erkenntnis, dass oft die »großen Würfe« – etwa ein repräsentativer Freibereich oder ein großzügiges Treppenhaus – im praktischen Leben nicht das bieten, was sich ihre Erbauer vorgestellt hatten. Das sollte zu Bescheidenheit animieren. Es sind wohl eher die kleinen, aus dem Leben mit alten Menschen und ihrer Pflege entwickelten Lösungen, die uns weiterbringen. Die Bewohner unserer Heime leiden ja meist nicht nur an einer Demenz – und wenn, dann nicht unbedingt an einer, der mit Rundläufen und gemeinsamem Gemüseschnippeln beizukommen wäre. Oft sehen sie schlecht, haben Mühe beim Gehen, hören kaum noch und wollen eigentlich nur heim »zur Mutter« oder zumindest dorthin, wo es sich für sie vertraut anfühlt.

Liest man die Veröffentlichung der beiden Autorinnen mit Sorgfalt, schrumpfen die großen Erwartungen, die der Laie der Architektur entgegen-bringen mag. Wer sich in die zahlreichen Bilder vertieft mit ihren harmonisch abgetönten Raumfluchten, den rhythmisch geteilten Fensterreihen und all den immer gleichen Funktionsmöbel im Gemeinschaftsbereich, fragt sich dann doch, ob er sich hier beheimaten könnte oder nicht lieber in seiner kleinen Wohnung mit all ihren Geschmacksverirrungen bleibt.

Steckt nicht vielleicht auch hinter diesem kostenträchtigen Bemühen um die

»richtige« Architektur und das »gute« Design der Wunsch, zu den Menschen mit Demenz eine hygienische Distanz herzustellen? Verspricht ihre farbenfroh-moderne Einbettung eine vordergründige Beruhigung, um Blasenschwäche, Gehirnabbau und wirres Reden und Rufen weniger bedrohlich und damit erträglich zu machen?

Angelika Trilling (Kasssel)

Martin J. Waibel und Cornelia Jacob-Krieger (Hg) (2009) Integrative Bewegungstherapie – Störungsspezifische und ressourcenorientierte Praxis. Stuttgart (Schattauer) 324 S., 39,95 €

Bewegungstherapie ist auch für ältere Menschen, insbesondere wenn sie zu Depressionen neigen, eine aus unserer Sicht sehr wirksame Therapie bei psychischen Störungen, auf die vor allem im multimodalen stationären oder teilstationären Rahmen nicht verzichtet werden sollte.

Dieses Buch umfasst 20 abgeschlossene Kapitel. Zuerst werden die theoretischen Grundlagen der Integrativen Bewegungstherapie ausgeführt. Petzold, dem sicher der Verdienst gebührt, Bewegungstherapie ebenso wie andere wichtige psychosoziale Interventionsformen im deutschen Sprachraum publik gemacht zu haben, gestaltet die einleitenden 40 Seiten zum Teil gemeinsam mit seinen Schülern zu einer sprachlichen Zumutung, wobei es zu seiner Eigenart gehört, vorwiegend sich selbst zu zitieren. Ein Satz als Kostprobe kann dies, was ich meine, gut illustrieren:

»Dadurch kann insgesamt aus den dabei verwandten ›dichten Beschreibungen‹ mit einer bildreichen, emotional fülligen Sprache eine metareflexive Betrachtung entstehen, die neben der Metakognitivität (das Überdenken des Denkens) und einer Metaemotionalität (ein Verstehen und Steuernkönnen der eigenen Gefühlswelt) auch einen Metawillen (ein Wissen um das Wollen, Kontrolle des Willens) ermöglicht als ›Erleben aus dem Abstand‹, geklärt durch Reflexion, Co-Reflexion, Diskurs (Petzold u. Sieber 2007d)« (17).

Wenn man diese Seiten überwunden oder überschlagen hat, kommt man zu meist ganz hervorragenden Beschreibungen der einzelnen Störungsbilder und zu einer praxisnahen Schilderung der dazu gehörigen bewegungstherapeutischen Möglichkeiten. Die Einzelkapitel, die von verschiedenen Autoren aber nach einem einheitlichen Muster gestaltet wurden, betreffen depressive Erkrankungen, Angststörungen, Mobbing, Essstörungen, chronische Schmerzen, Traumafolgen, Borderline-Syndrom und Abhängigkeitserkrankungen.

Ich habe beispielsweise bisher noch keine so klare Einführung zum Thema »Mobbing« gelesen, wie die von Waibel in diesem Band. Im Kapitel, in dem es um die Bewegungstherapie mit älteren Menschen in einer Rehaklinik geht, werden die Methoden der multiplen Stimulierung, der Förderung von protektiven Faktoren und Resilienzen und der Eingliederung in soziale Netzwerke betont. An klinischen Beispielen wird geschildert, wie eine multiple Stimulierung durch Formen der Selbstberührung, des Sich-Abklopfens in der Bewegungstherapie umgesetzt werden kann. Ähnlich wie in den übrigen Kapiteln finden sich hier zahlreiche Anregungen für die Gestaltung der bewegungstherapeutischen Arbeit.

Bewegungs- und Tanztherapien haben unterschiedliche Wurzeln, deren Kenntnis die ganzheitliche bewegungstherapeutische Praxis sicher befruchtet. Dies wird auch in diesem Band deutlich. Bewegungstherapeuten können sich durch die Lektüre dieses Buches für ihre konkrete Arbeit inspirieren lassen, wenn sie in der Psychiatrie oder Psychosomatik arbeiten, unabhängig davon, aus welcher Schule sie kommen. Gerade in der klinischen Psychiatrie und Psychosomatik sind multimodale Therapiegramme sehr wichtig, Bewegungstherapie ist sicher eine wirksame Form, die sonstige Psychotherapie zu ergänzen. Auch diejenigen, die Bewegungstherapie verordnen, bekommen ein gutes Bild, welche Möglichkeiten Bewegungstherapie bietet. Dieses Buch gehört deshalb meines Erachtens in jede klinische Fachbibliothek. Nicht zuletzt möchte ich hervorheben, dass dieses Buch außergewöhnlich sorgfältig und praktisch fehlerfrei gestaltet ist, sicher ein Verdienst des Verlages.

Johannes Kipp (Baunatal)

Peter Joraschky, Thomas Loew und Frank Röhricht (Hg) (2009) Körpererleben und Körperbild – Ein Handbuch zur Diagnostik. Stuttgart (Schattauer) 284 S., 49,95 €

Der Körper ist selbstverständlich in unserem Bewusstsein vorhanden. Vielleicht kommt es von dieser Selbstverständlichkeit, dass die Körperbild- und Körpererlebensforschung erst seit relativ kurzer Zeit mehr in den Mittelpunkt der psychosomatischen Wissenschaft gerückt ist. In diesem Buch geht es um sehr differenzierte Untersuchungsmethoden mit Fragebögen zum Körperbild und zur Eigenwahrnehmung. Die Unterscheidung zwischen Leib, der wir sind, und Körper, den wir haben, wird hier weiter differenziert in körperbezogene Perzeptionen (mit Körperschema und Körperempfinden), Kognitionen (mit Körperbild und Körper-Selbst) und Emotionen (Körper-Bewusstsein). Das Körperverhalten (als Körperausdruck) ist noch ein weiterer Aspekt des

Körpererlebens. Um diese unterschiedlichen Aspekte des Körpererlebens zu erfassen, werden in dem Buch zahlreiche testpsychologische Untersuchungsinstrumente vorgestellt.

In weiteren Kapiteln geht es darum, welche Veränderungen des Körpererlebens bei Essstörungen, Schmerzstörungen (auch Fibromyalgie) und Magen-Darm-Erkrankungen zu beobachten sind und wie diese erfasst werden können. In den einzelnen Kapiteln haben die methodischen Aspekte der Diagnostik einen hohen Stellenwert.

Für Altersfragen ist ein Kapitel von Brähler, Felder und Schumacher sehr aufschlussreich, in dem Ergebnisse von repräsentativen Befragungen dargestellt werden. Ältere Menschen schildern in der Regel deutlich mehr körperliche Beschwerden als jüngere, was sich auf die im Alter ansteigende Multimorbidität zurückführen lässt. Die Autoren arbeiten heraus, dass dieser Alterseffekt, das Ausmaß subjektiver Körperbeschwerden betreffend, in den alten Bundesländern von Mitte der 70er Jahre bis Mitte der 90er sich stark reduziert hat. Dies wird darauf zurückgeführt, dass sich das Symptomberichtsverhalten verändert habe und Frauen jetzt über ihre Körperbeschwerden in ›typisch männlicher‹ Weise berichten.

In allen Kapiteln sind Fragen angerissen, die für ein tieferes Verständnis der Psychosomatik von entscheidender Bedeutung sind. Andererseits sind manche Kapitel so verfasst, dass sie dem Praktiker eher zu abstrakt erscheinen. Die dargestellten Methoden und Erkenntnisse in den einzelnen Kapiteln sind aber sicher Meilensteine auf dem Weg, das Wissen von unserem Körper, wie er in unseren Emotion und Kognitionen repräsentiert ist, nachhaltig zu erweitern. Dieses Wissen ist vor allem notwendig, wenn es um die Behandlung von Essstörungen und somatoformen Schmerzstörungen geht, aber auch für die Psychosomatik insgesamt. Das Buch ist sehr sorgfältig und übersichtlich gestaltet, sodass es ein Vergnügen ist, darin zu lesen und zu blättern.

Johannes Kipp (Baunatal)

Gerlinde Gehrig, Ulrich Pfarr (Hg.)

Handbuch psychoanalytischer Begriffe für die Kunstwissenschaft

Rolf Famulla

Joseph Beuys: Künstler, Krieger und Schamane

2009 · 450 Seiten · Broschur
ISBN 978-3-89806-786-7

2009 · 219 Seiten · Broschur
ISBN 978-3-89806-835-2

In diesem Handbuch werden erstmals Begriffe systematisch zusammengefasst und benutzerfreundlich aufgearbeitet, welche das gemeinsame Forschungsfeld von Psychoanalyse und Kunstwissenschaft bezeichnen: so etwa Karikatur und Comic, Melancholie, Körper, Religion, Sexualität, Trauma und das Unheimliche. Das Buch eignet sich auch hervorragend für Laien, da die Stichwörter anschaulich und verständlich erläutert werden.

Namhafte Autoren wie Joachim Danckwardt, Philipp Soldt, Sebastian Leikert, Joachim Küchenhoff, Gerhard Schneider, Marianne Leuzinger-Bohleber und die renommierten Wissenschaftlerinnen Ortrud Gutjahr und Margret Iversen bieten eine umfassende und allgemein verständliche Begriffsklärung, ergänzt durch die historische Entwicklung und aktuelle Relevanz der Begriffe sowie zahlreiche Abbildungen.

Rolf Famulla deckt auf, was andere Beuys-Biografen verbergen: dass Beuys sich als Sturzkampfflieger im Zweiten Weltkrieg mit der nationalsozialistischen Ideologie identifizierte; dass er sich in der Nachkriegszeit weigerte, sein in der Zeit des Dritten Reiches geprägtes Weltbild zu revidieren. Beuys sah sich selbst als Künstler, Krieger und Schamane, als Kämpfer gegen »Materialismus«, »Egoismus« und die moderne Zivilisation. Als Alternative bietet Beuys Mythen der Germanen und Kelten an.

Der Autor entschlüsselt die Bild- und Materialsprache von Beuys detailliert und zeigt deren Ursprung in der völkischen Ideologie und in den erlittenen Traumatisierungen im Zweiten Weltkrieg auf.

Walltorstr. 10 · 35390 Gießen · Tel. 06 41-96 99 78-18 · Fax 06 41-96 99 78-19
bestellung@psychosozial-verlag.de · www.psychosozial-verlag.de

Die alte Kerze

Gedanken zum Titelbild

Markus Hagen und Bertram von der Stein (Köln)

Wie kann ein Bild zum Thema alternder Körper aussehen, wenn man dazu nicht das Foto eines Gesichtes mit Runzeln nehmen will? Unsere Idee war, einen leicht beschädigten Gegenstand als Symbol für den alternden Körper zu verwenden. Die fotografischen Versuche, ein Glas mit einem Sprung abzubilden, wurden nicht überzeugend. Ein Gegenstand des alltäglichen Gebrauchs sollte es aber schon sein, so alltäglich und selbstverständlich wie unser Körper. So kamen wir auf die alte, heruntergebrannte Kerze, die unansehnlich geworden ist, bräunlich wie ein alter Körper voller Altersflecken.

Die Kerze kann ein Symbol des individuellen Daseins sein, sie leuchtet, geht dann aber einem Ende entgegen. Im Märchen hatte der Gevatter Tod, der auf Bildern oft als Skelett dargestellt wird, die Macht über brennende Kerzen, von denen jede ein Menschenleben repräsentiert. Manche Menschen versuchten den Gevatter Tod zu bestechen und wollten eine Kerze, die möglichst lange brennt. Solche Wünsche gingen auch im Märchen selten in Erfüllung, meist endete es mit dem Erlöschen des Lebenslichts.

Unsere Assoziationen: Der alternde Körper ähnelt in mancher Hinsicht einer alten heruntergebrannten Kerze, seine Form ist aber noch gut erkennbar. Der alte Glanz ist noch zu erahnen, ähnlich wie bei unserer Kerze, die einen großen phallusartigen Schatten wirft, der an die vergangene Potenz erinnert. Der alternde Körper ist ein Memento mori, eine Erinnerung an die Vergänglichkeit.

Wir sind aber alle in eine Generationenfolge eingebunden, es gab Menschen vor und es wird Menschen nach uns geben. Deshalb haben wir die alte Kerze auf eine sehr alte römische Tonscherbe zum Fotografieren gestellt. Die Kerze gibt Licht, das Wärme ausstrahlt, bald aber verlöschen wird, zuvor aber symbolhaft über sich hinausweist.

Korrespondenzadresse:
Dr. B. von der Stein
Quettinghofstr. 10a
50769 Köln

Veranstaltungshinweis

21. Symposium »Psychoanalyse und Altern« am 5. und 6. Dezember 2008 im Gießhaus der Universität Kassel

Thema: »Zorn, Neid und weitere Leidenschaften«

Kontakt und Anmeldung:
Frau Barbara Arlt, Steinkulle 6, 34260 Kaufungen
Tel./Fax: 05605/2715
E-Mail: *barbara.arlt@t-online.de*

oder

Dr. Johannes Kipp, Felsengarten 9, 34225 Baunatal
E-Mail: *johanneskipp@t-online.de*

oder über die Homepage: www.psychoanalyse-und-altern.de

Autorinnen und Autoren

Anke Abraham, geb. 1960 in Lüneburg, Prof. Dr., habilitierte Soziologin (2001) und Sportwissenschaftlerin (2004), Körper- und Bewegungstherapeutin (DAKBT e. V.). Professorin am Institut für Sportwissenschaft und Motologie der Universität Marburg, Lehrstuhl »Psychologie der Bewegung«. Arbeitsschwerpunkte: Soziologie und Psychologie der Körperlichkeit und Bewegung, Biografieforschung, Geschlechterforschung.

Günter Heisterkamp, Jahrgang 1937, Univ.-Prof. im Ruhestand, Dr. phil. Dipl.-Psych., zuletzt an der Universität Essen (Fachgebiete: Pädagogische und Klinische Psychologie), Kontroll- und Lehranalytiker (DGPT, DAGG, DGIP), Gruppenanalytischer Teamsupervisor und Organisationsberater (DAGG). Zahlreiche Veröffentlichungen zur leiblichen Dimension psychotherapeutischer Wirkungszusammenhänge sowie zur Atmosphäre und zur Freude in der Behandlung.

Johannes Kipp, geb. 1942, Dr. med., Facharzt für Neurologie und Psychiatrie, Psychosomatische Medizin und Psychotherapie, Psychoanalytiker (DGPT) und Gruppenlehranalytiker (DAGG), Direktor der Klinik für Psychosomatische Medizin am Klinikum Kassel. Zahlreiche Veröffentlichungen insbesondere zur Psychotherapie im Alter, Buchveröffentlichungen zur Gerontopsychiatrie und Psychosentherapie, Mitherausgeber und Schriftleiter der Zeitschrift *Psychotherapie im Alter.*

Richard Kretzer, geb. 1938 in Essen. Medizinstudium an der Universität Köln, 1966 Staatsexamen und Promotion. 1975 Anerkennung als Facharzt für Innere Medizin. Von 1977 bis 2005 Tätigkeit als niedergelassener Internist in Köln-Heimersdorf mit hausärztlich psychosomatischem Schwerpunkt.

Mechthilde Kütemeyer, Dr. med., geb. 1938, Fachärztin für Psychosomatische Medizin und Psychotherapie, Fachärztin für Neurologie mit dem Schwerpunkt psychosomatische Neurologie und Erinnerungsmedizin. Psychiatrische und psychoanalytische Ausbildung in der Schweiz, neurologische und epileptologische Weiterbildung bei Prof. Janz in Berlin (1975–1984). 1985–2003 Leitung der Psychosomatischen Abteilung im St. Agatha-Krankenhaus in Köln. Wissenschaftliche Arbeiten im Bereich der psychosomatischen Neurologie u. a. über Schmerz, Trauma und somatoforme Dissoziation. Übersetzung der Arbeit von Sigmund Freud (1893c) zur Hysterie (1998) vom Französischen ins Deutsche.

Ingeborg Lackinger Karger, geb. 1956 in Dahlbruch, Studium der Medizin und Kunstgeschichte in Münster und München. Klinische Tätigkeit an den Universitäten Essen und Düsseldorf als Frauenärztin bis 1992. Seither niedergelassen als Psychoanalytikerin und Ärztin für Psychotherapeutische Medizin. Lehranalytikerin (DGPT, DPG) am Institut für Psychoanalyse und Psychotherapie (IPD) Düsseldorf. Dozentin am verhaltenstherapeutischen APP Köln. Zudem tätig als freie Autorin und Medizinpublizistin, zahlreiche wissenschaftliche und journalistische Veröffentlichungen in den Bereichen Frauen, Altern, Psychotherapie, Psychosomatik.

Alexis Matzawrakos, geb. 1964, Dr. med., Facharzt für Psychiatrie und Psychotherapie. PSYIII–Diplom der Österreichischen Ärztekammer für Psychotherapeutische Medizin (Verhaltenstherapie). Lehrgang für Gerontopsychotherapie. Tätig an der Abteilung für Gerontopsychiatrie der Landesnervenklinik Sigmund Freud (LSF) in Graz (Österreich) auf einer gerontopsychiatrischen und psychotherapeutischen Station für affektive Störungen.

Bertram von der Stein, geb. 1958, Dr. med., Psychoanalytiker (DGPT, DPG), Gruppenanalytiker (DAGG), Lehranalytiker und Dozent am Institut für Psychoanalyse und Psychotherapie Düsseldorf, Arzt für Psychotherapeutische Medizin, Arzt für Psychiatrie und Psychotherapie. Nach psychiatrischer Facharztausbildung von 1995 bis Ende 2003 in verschiedenen psychosomatischen Kliniken im nördlichen Rheinland u. a. in leitenden Funktionen tätig. Erfahrungen in psychosomatischer Rehabilitation und Psychotherapie mit Älteren und mit Migranten. Seit Mai 2003 niedergelassener Psychoanalytiker in eigener Praxis. Veröffentlichungen v. a. über Ich-strukturelle Störungen, Alkoholismus, autodestruktiven Verhalten, Kriegstraumatisierung und Migration.

Klaus Windel, geb. 1962, Dr. med., Arzt für Innere Medizin, Rehabilitationswesen, Geriatrie, Arzt für Psychosomatische Medizin und Psychotherapie. Nach klinischer Tätigkeit als Assistenzarzt und Oberarzt in Kliniken für Innere Medizin, Psychotherapie, Psychosomatik und Geriatrie, seit Anfang 2006 in eigener Praxis (als Internist – hausärztliche Versorgung – Psychotherapie – Geriatrie) in Marienfeld bei Gütersloh.

Silvia Winter, geb. 1984, Diplom für psychiatrische Gesundheits- und Krankenpflege. Tätig an der Abteilung für Gerontopsychiatrie der Landesnervenklinik Sigmund Freud (LSF) in Graz (Österreich) auf einer gerontopsychiatrischen und psychotherapeutischen Station für affektive Störungen.

.

www.ingramcontent.com/pod-product-compliance
Lightning Source LLC
Chambersburg PA
CBHW020615270326

41927CB00005B/344